象棋连将杀

进阶练习300题

唐亚顺 ◎ 编著

化学工业出版社

·北京·

图书在版编目（CIP）数据

象棋连将杀进阶练习300题/唐亚顺编著. —北京：
化学工业出版社，2020.8（2024.11重印）
ISBN 978-7-122-37021-1

Ⅰ.①象… Ⅱ.①唐… Ⅲ.①中国象棋-对局（棋类运
动）-习题集 Ⅳ.①G891.2-44

中国版本图书馆CIP数据核字（2020）第083338号

责任编辑：史 懿 杨松森 装帧设计：李子姮
责任校对：宋 夏

出版发行：化学工业出版社
　　　　　（北京市东城区青年湖南街13号 邮政编码100011）
印 装：北京天宇星印刷厂
880mm×1230mm 1/32 印张5¼ 2024年11月北京第1版第2次印刷

购书咨询：010-64518888 售后服务：010-64518899
网 址：http://www.cip.com.cn
凡购买本书，如有缺损质量问题，本社销售中心负责调换。

定 价：29.80元 版权所有 违者必究

前　言

象棋的对弈过程中，擒住对方将（帅）是取得胜利的标志。因此，熟练掌握各种简捷迅速地将死对方将（帅）的方法，便成为下好象棋的一项重要的基本功，我们把这种方法称为象棋的杀法。

象棋的杀法是象棋学习中的重要组成部分，它可分为缓将杀和连将杀两种，其中以连将杀最为精彩，也最扣人心弦，具有非常高的观赏性。同时，连将杀也是象棋基本功中最重要的一环，是初学者必须熟练掌握的。甚至我们可以通过对连将杀步数及残局破解题数的量化分析，用来评估不同爱好者的棋力，及其大致所处的象棋等级。

本书按杀着的难易顺序，从一步杀到五步连将杀，一步一个阶梯，让初学象棋的爱好者通过全书300道练习题，循序渐进，打牢连将杀的基本功，培养棋感，训练眼力和计算力。

笔者首次尝试编写习题册，每一道题都是精心挑选并用心整理的，希望能对读者朋友们有所帮助。若有不足之处，也请广大象棋爱好者批评指正，以便我不断改进，为大家带来更多、更好的作品。

唐亚顺

2020年5月

目 录

一步杀

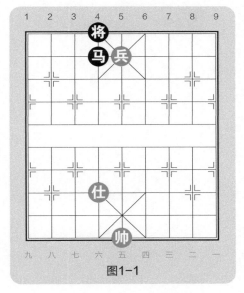

图1-1

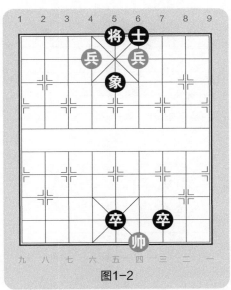

图1-2

说明：本书全部习题，均为红先。

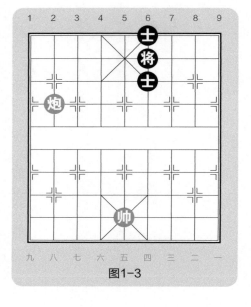

图1-3

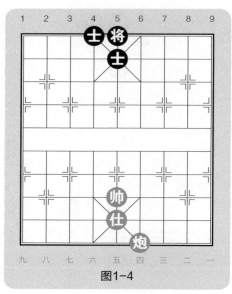

图1-4

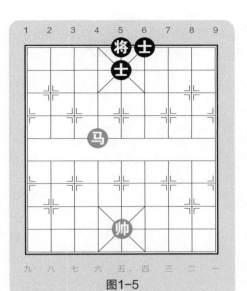

图1-5

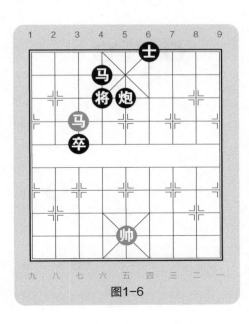

图1-6

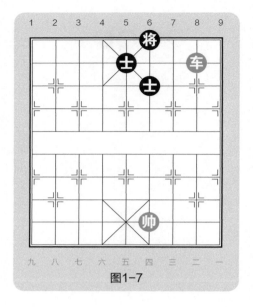

图1-7

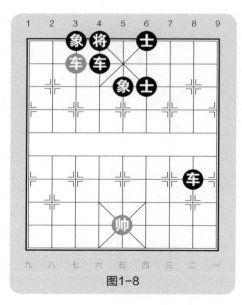

图1-8

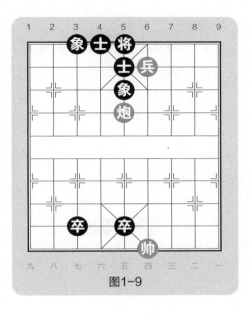

图1-9

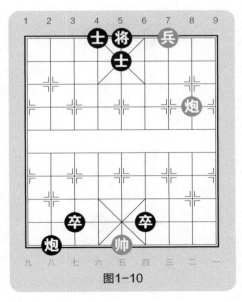

图1-10

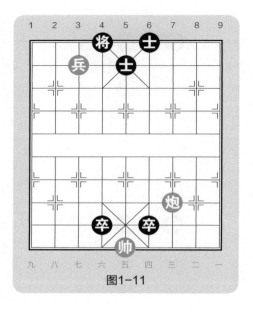

图1-11

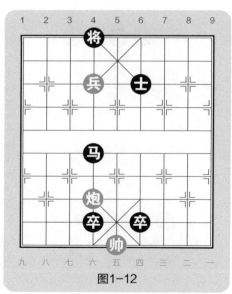

图1-12

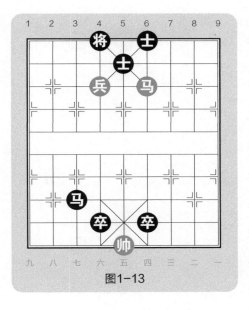

图1-13

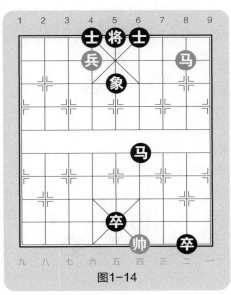

图1-14

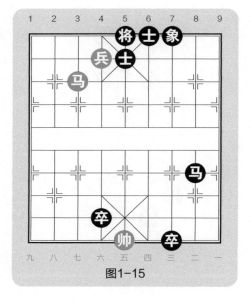

图1-15

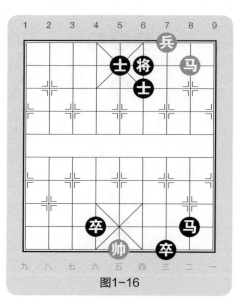

图1-16

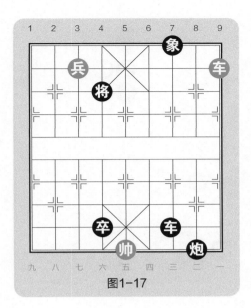

图1-17

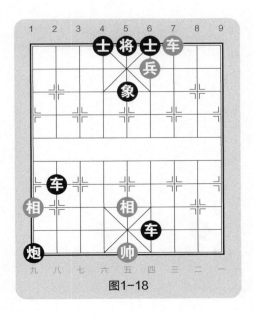

图1-18

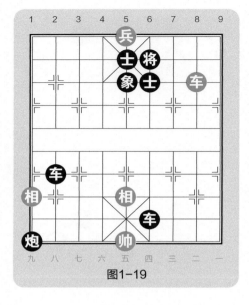

图1-19

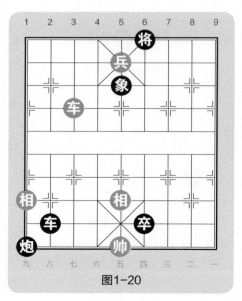

图1-20

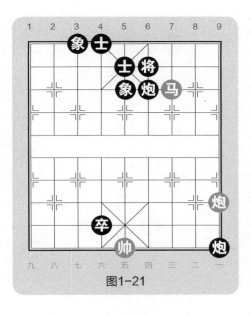

图1-21

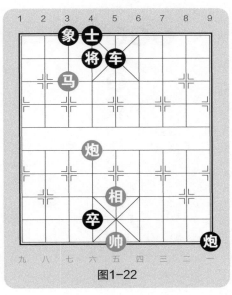

图1-22

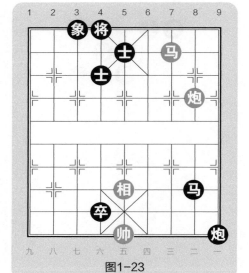

图1-23

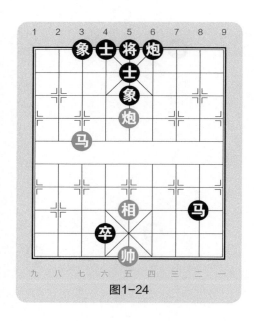

图1-24

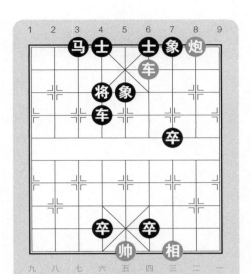

图1-25

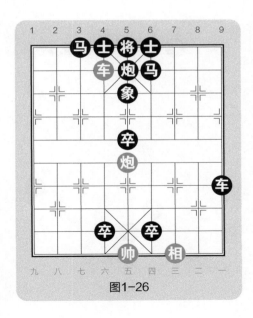

图1-26

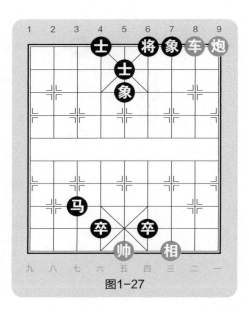

图1-27

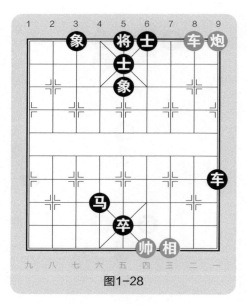

图1-28

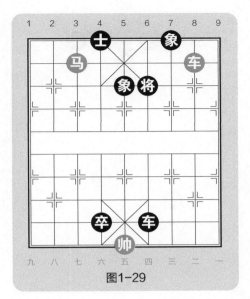

图1-29

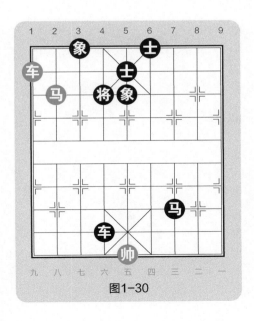

图1-30

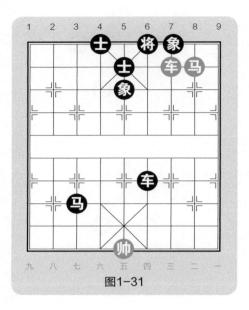

图1-31

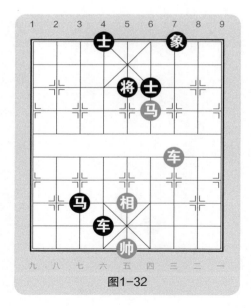

图1-32

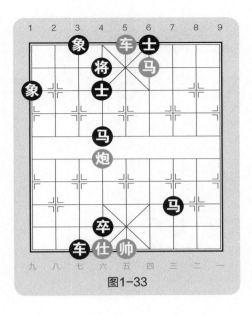

图1-33

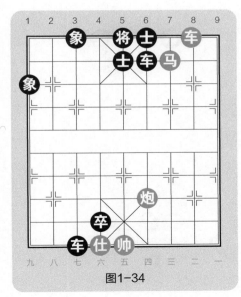

图1-34

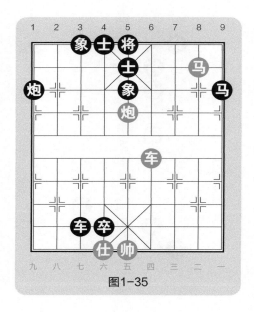

图1-35

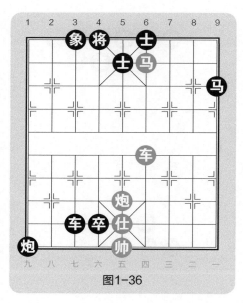

图1-36

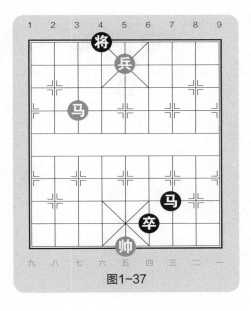

图1-37

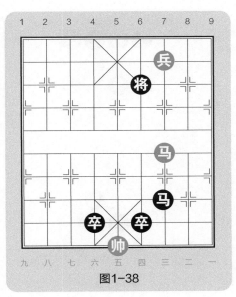

图1-38

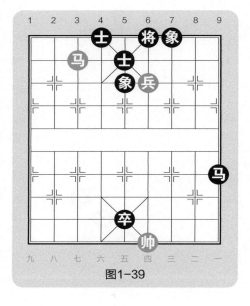

图1-39

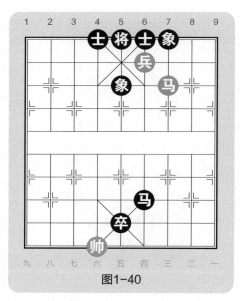

图1-40

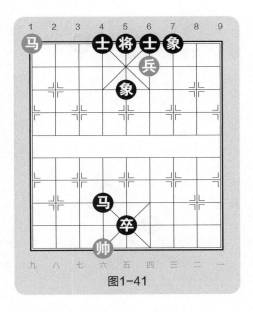

图1-41

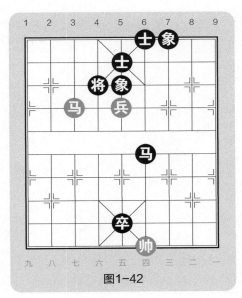

图1-42

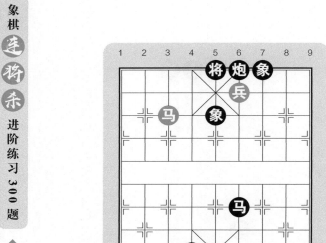

图1-43

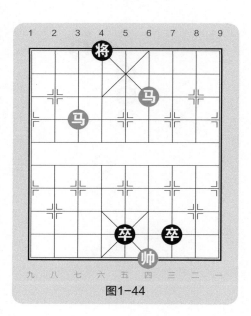

图1-44

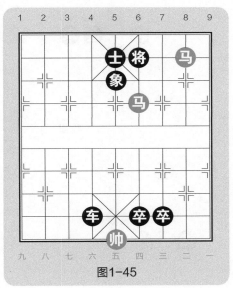

图1-45

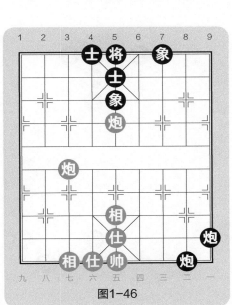

图1-46

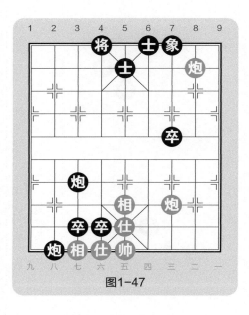

图1-47

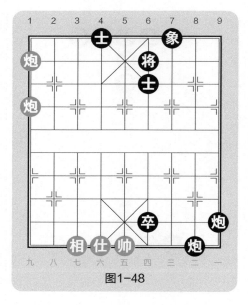

图1-48

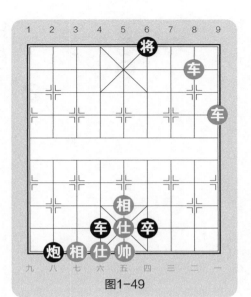

图1-49

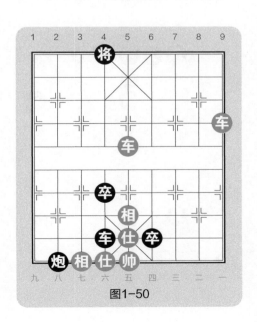

图1-50

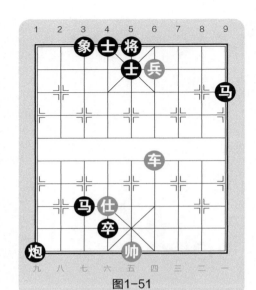

图1-51

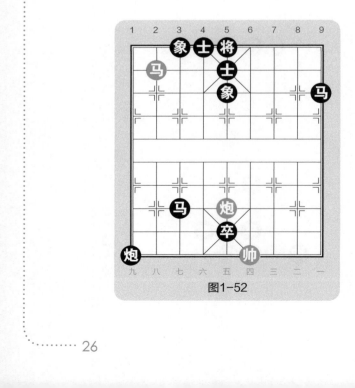

图1-52

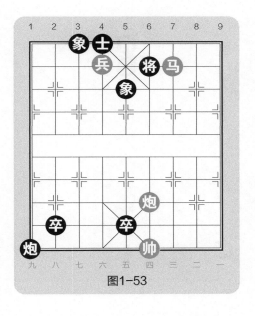

图1-53

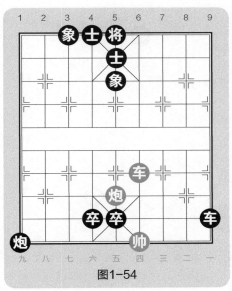

图1-54

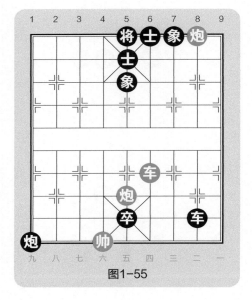

图1-55

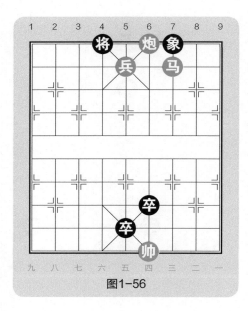

图1-56

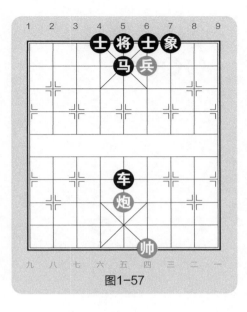

图1-57

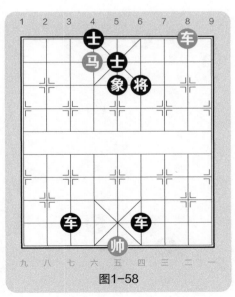

图1-58

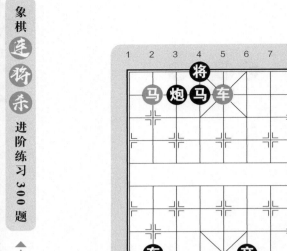

图1-59

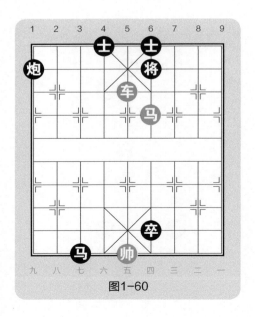

图1-60

两步杀

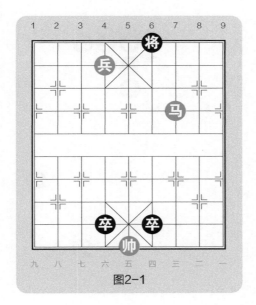

图2-1

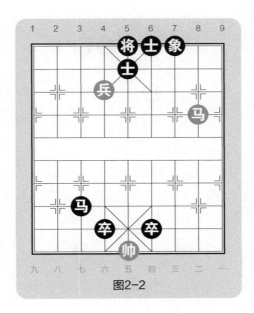

图2-2

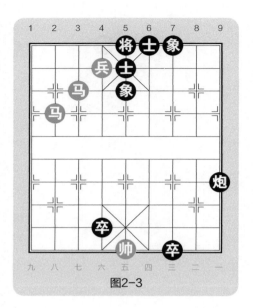

图2-3

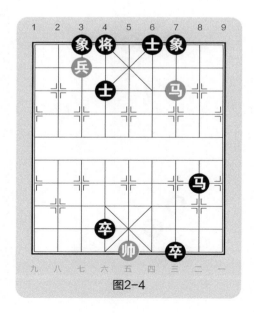

图2-4

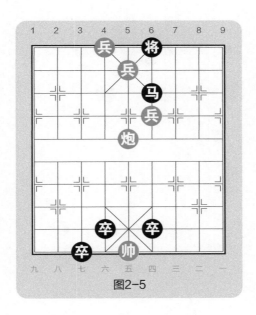

图2-5

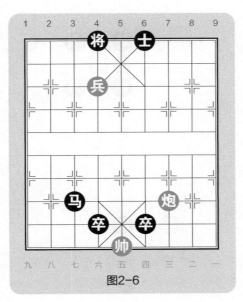

图2-6

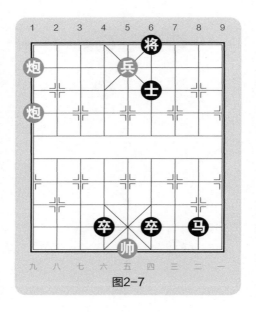

图2-7

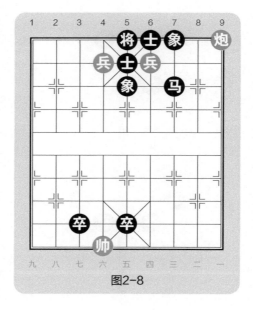

图2-8

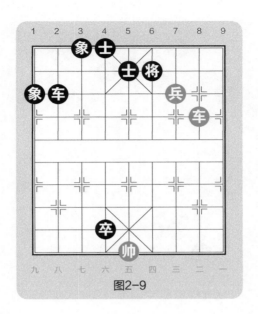

图2-9

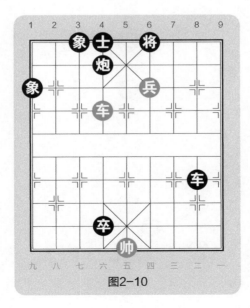

图2-10

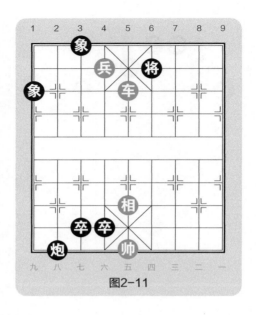

图2-11

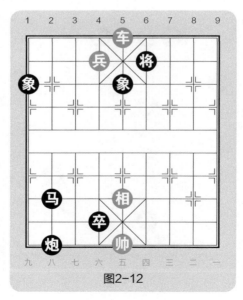

图2-12

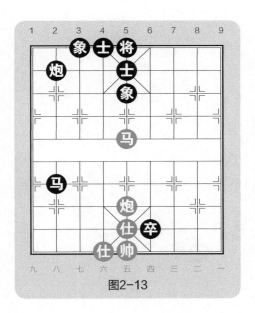

图2-13

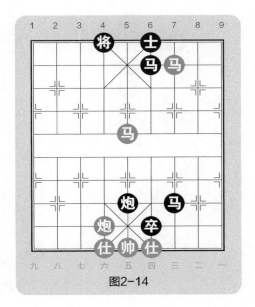

图2-14

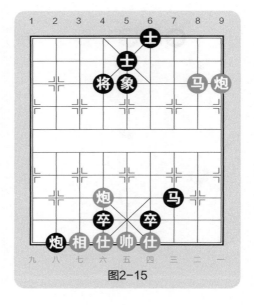

图2-15

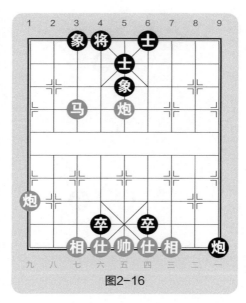

图2-16

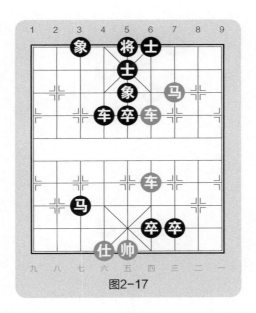

图2-17

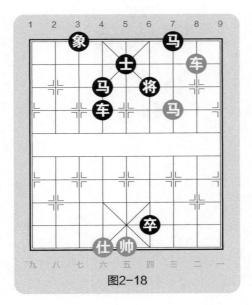

图2-18

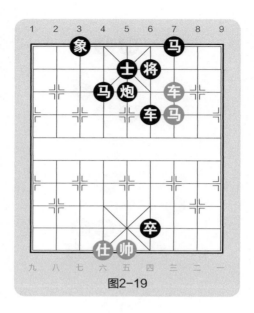

图2-19

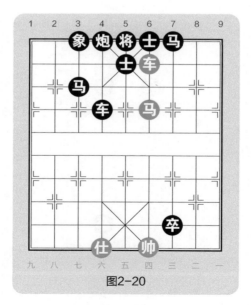

图2-20

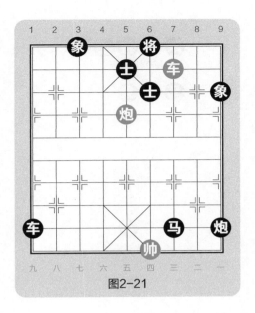

图2-21

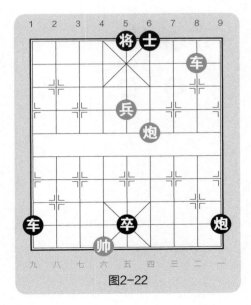

图2-22

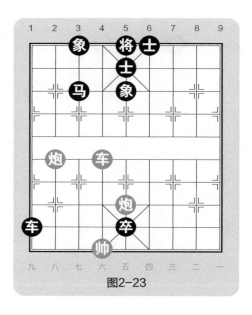

图2-23

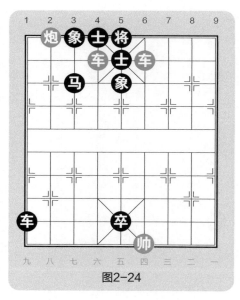

图2-24

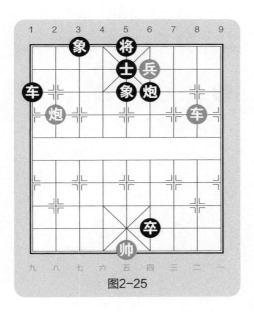

图2-25

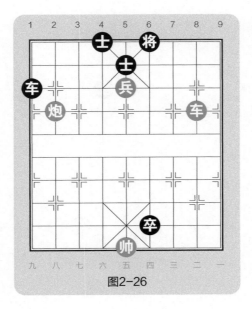

图2-26

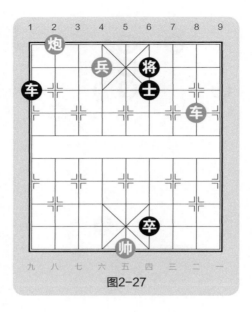

图2-27

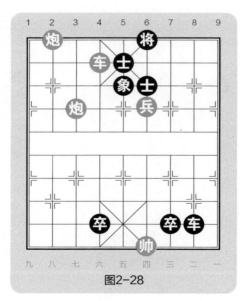

图2-28

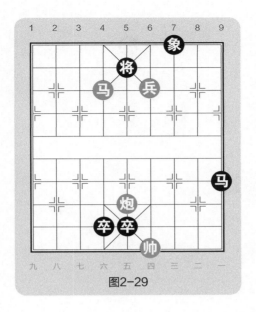

图2-29

两步杀

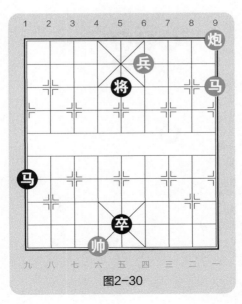

图2-30

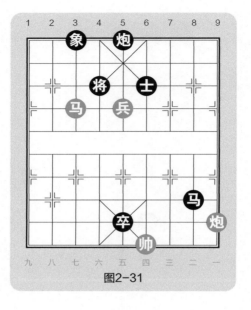

图2-31

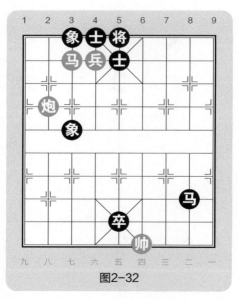

图2-32

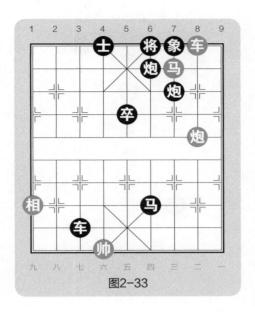

图2-33

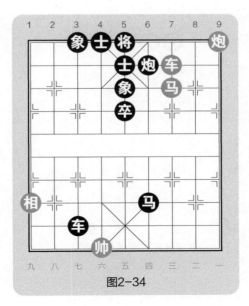

图2-34

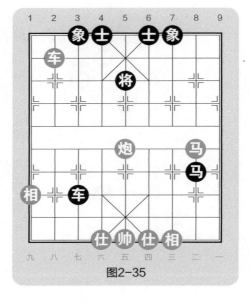

图2-35

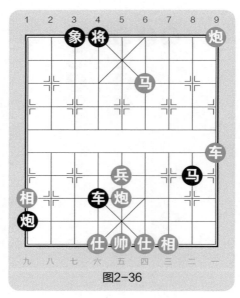

图2-36

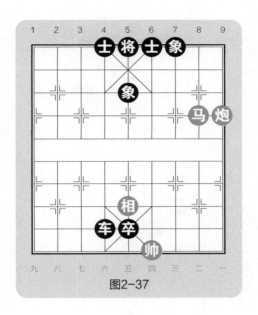

图2-37

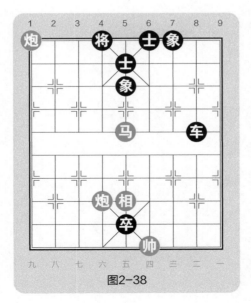

图2-38

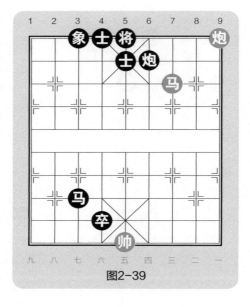

图2-39

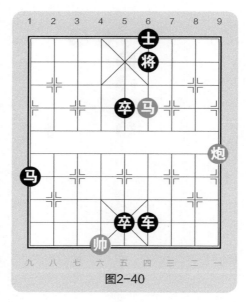

图2-40

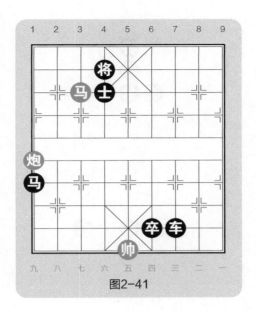

图2-41

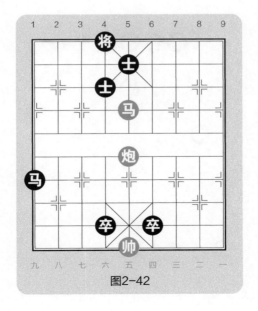

图2-42

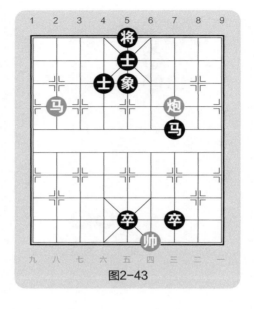

图2-43

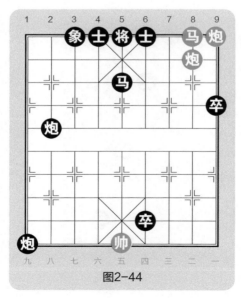

图2-44

两步杀

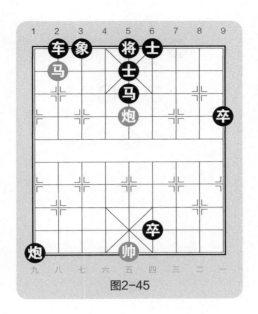

图2-45

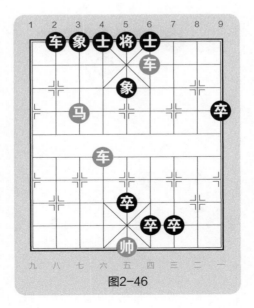

图2-46

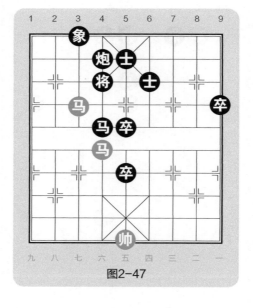

图2-47

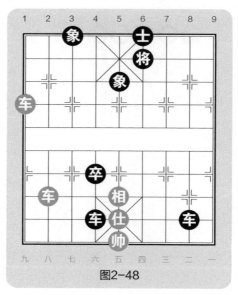

图2-48

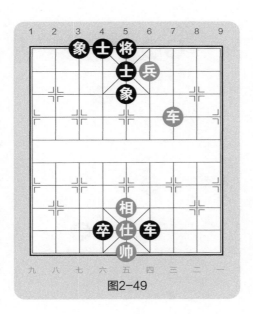

图2-49

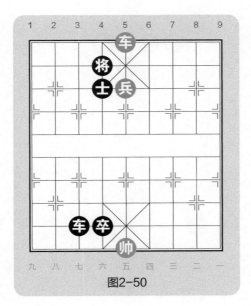

图2-50

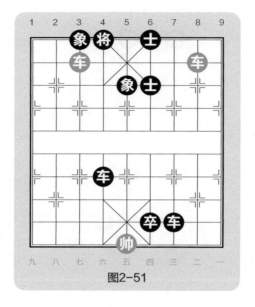

图2-51

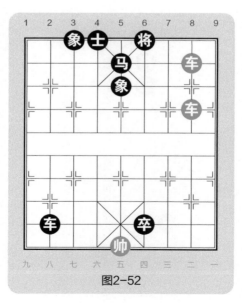

图2-52

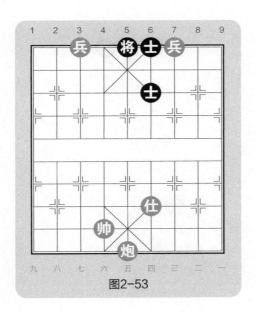

图2-53

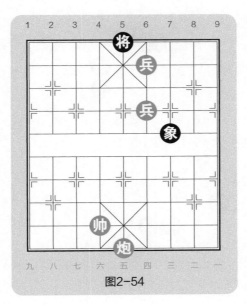

图2-54

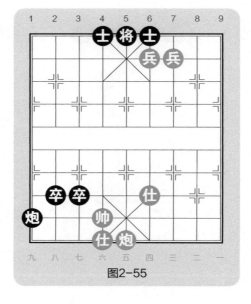

图2-55

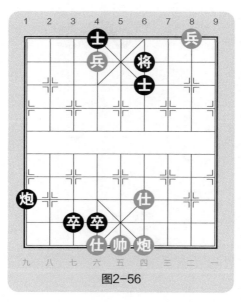

图2-56

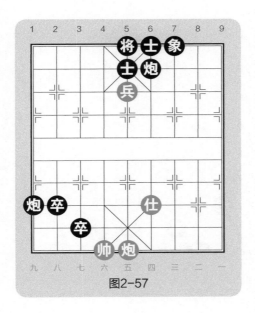

图2-57

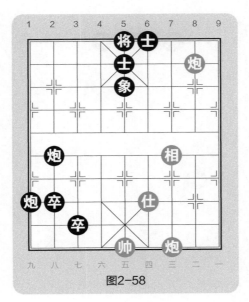

图2-58

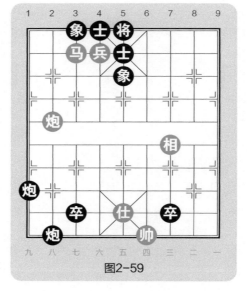

图2-59

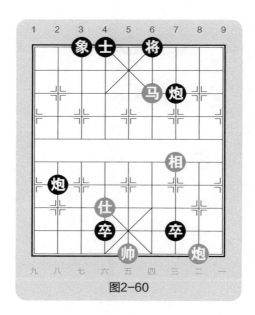

图2-60

三步杀

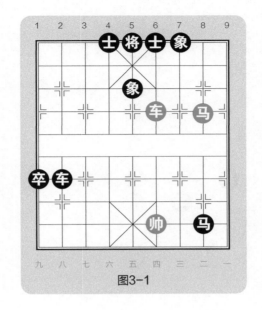

图3-1

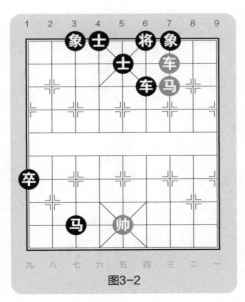

图3-2

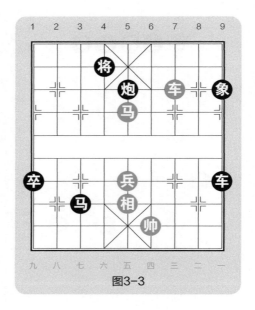

图3-3

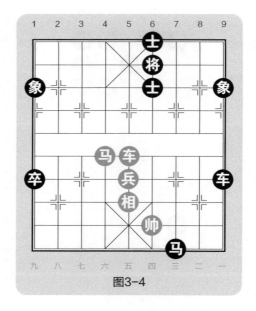

图3-4

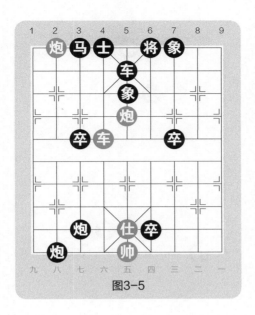

图3-5

三步杀

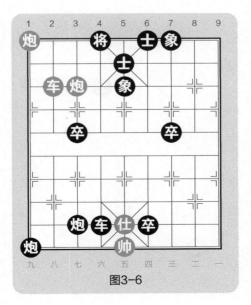

图3-6

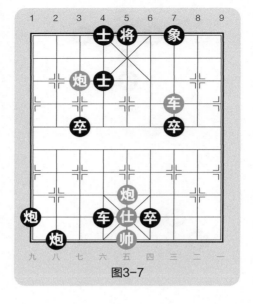

图3-7

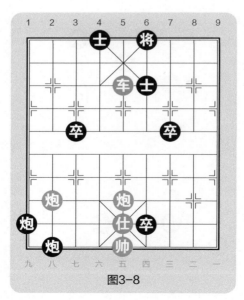

图3-8

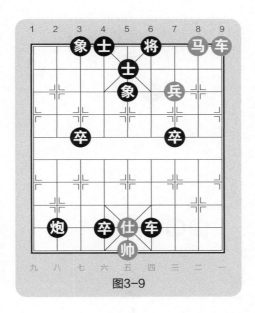

图3-9

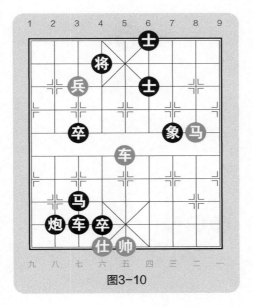

图3-10

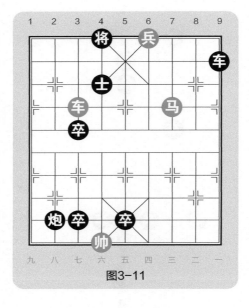

图3-11

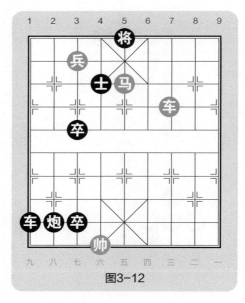

图3-12

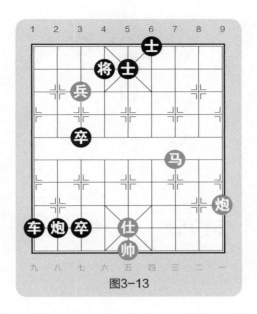

图3-13

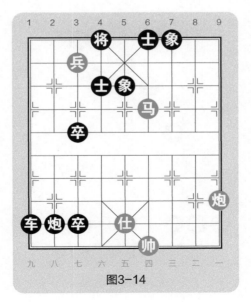

图3-14

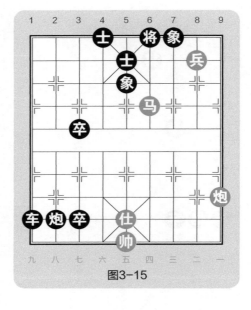

图3-15

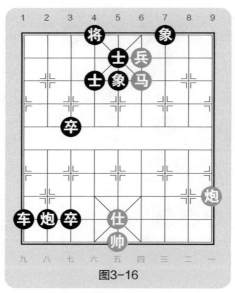

图3-16

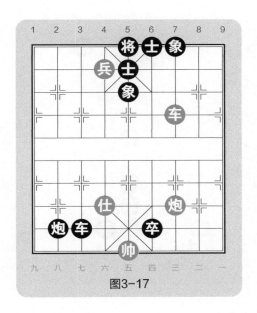

图3-17

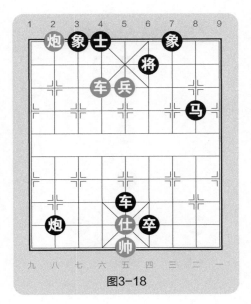

图3-18

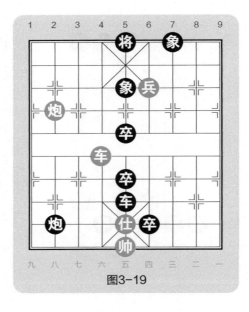

图3-19

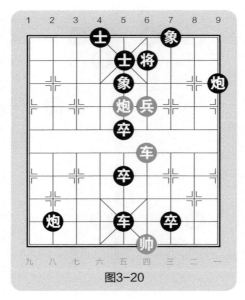

图3-20

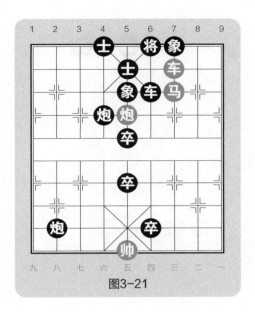

图3-21

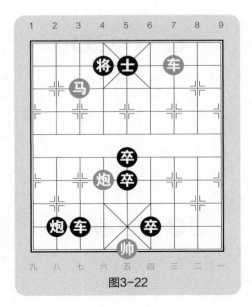

图3-22

图3-23

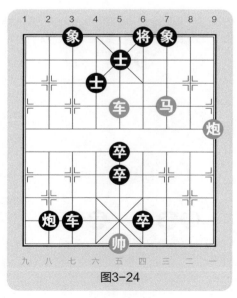

图3-24

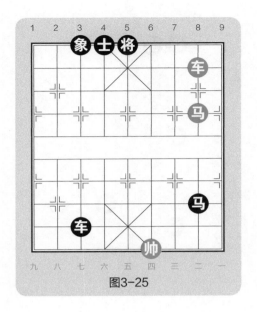

图3-25

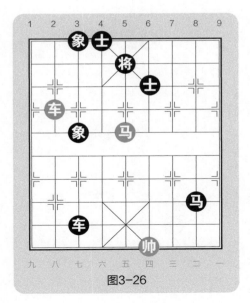

图3-26

三步杀

象棋
连将杀
进阶练习300题

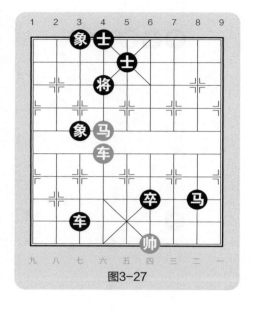

图3-27

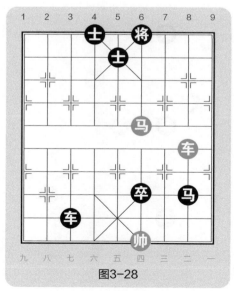

图3-28

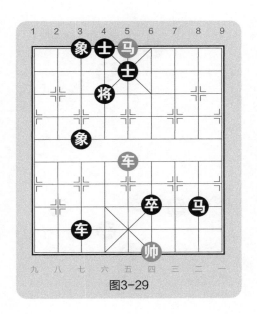

图3-29

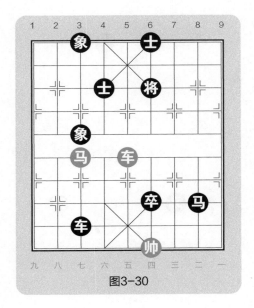

图3-30

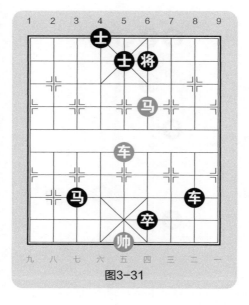

图3-31

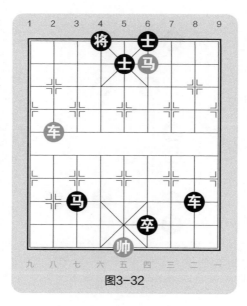

图3-32

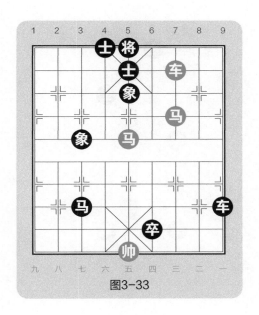

图3-33

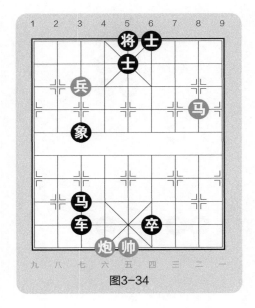

图3-34

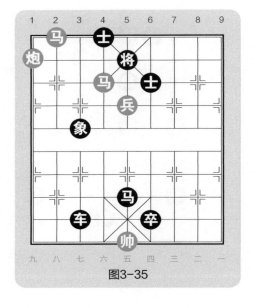

图3-35

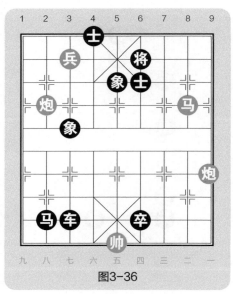

图3-36

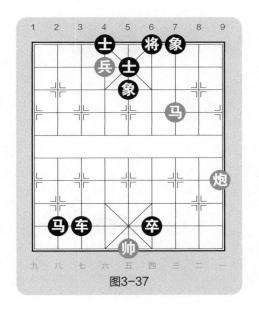

图3-37

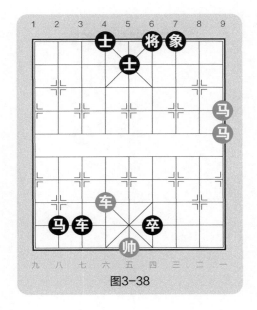

图3-38

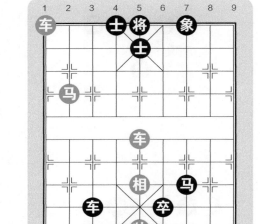

图3-39

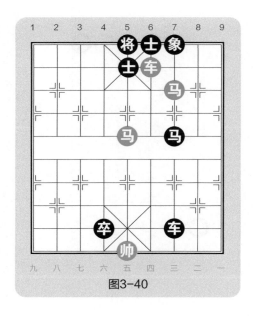

图3-40

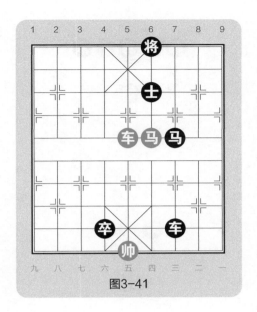

图3-41

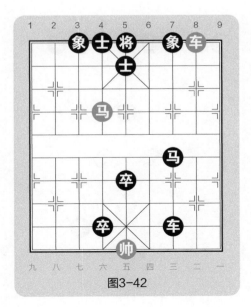

图3-42

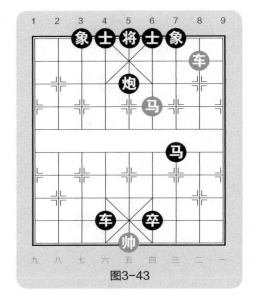

图3-43

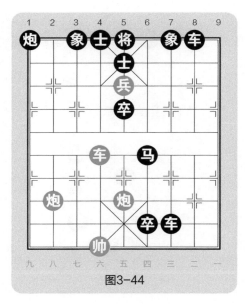

图3-44

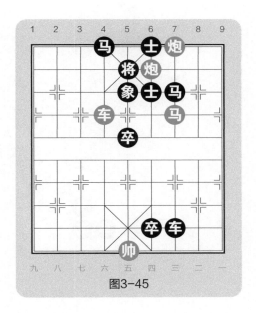

图3-45

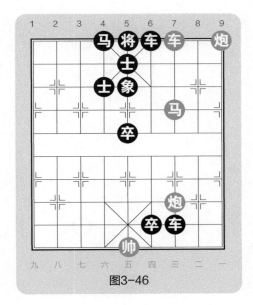

图3-46

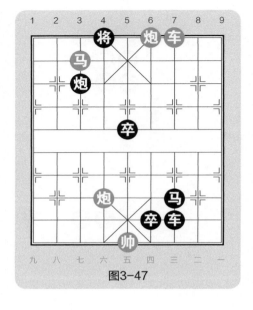

图3-47

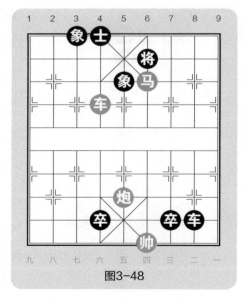

图3-48

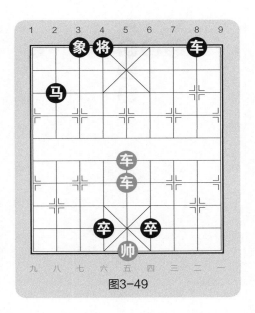

图3-49

三步杀

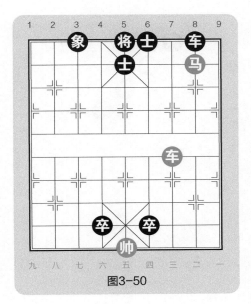

图3-50

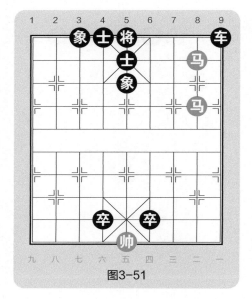

图3-51

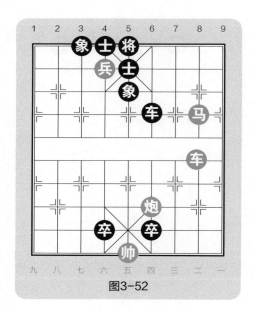

图3-52

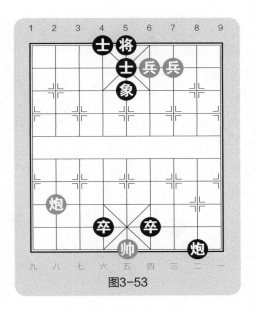

图3-53

三步杀

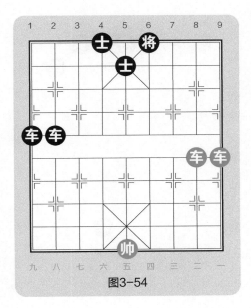

图3-54

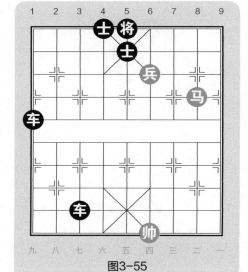

图3-55

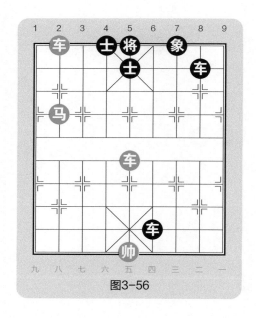

图3-56

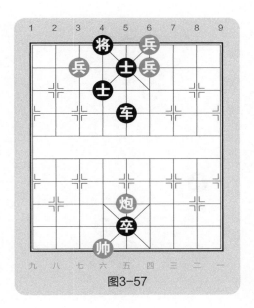

图3-57

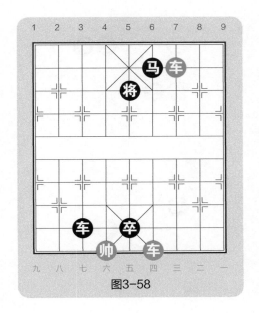

图3-58

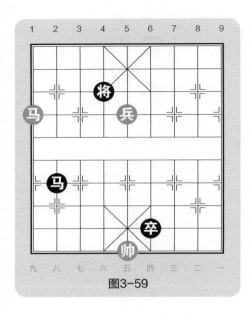

图3-59

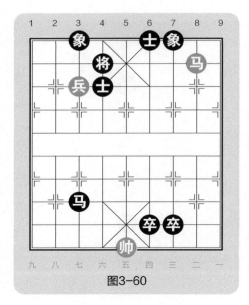

图3-60

四步杀

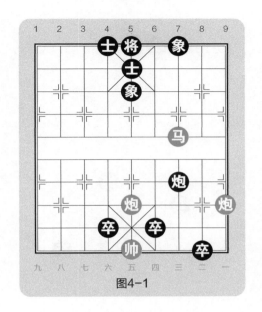

图4-1

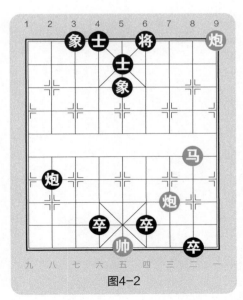

图4-2

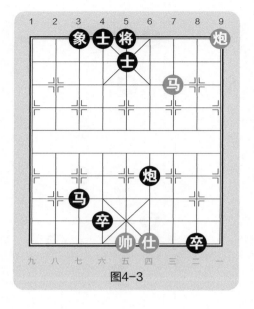

图4-3

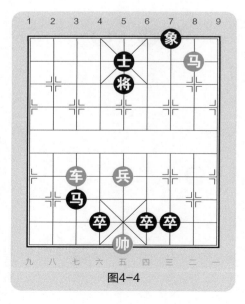

图4-4

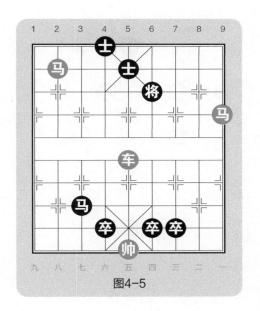

图4-5

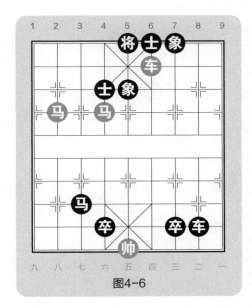

图4-6

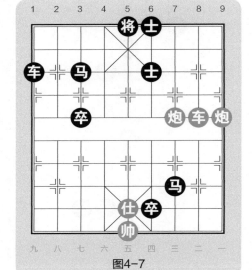

图4-7

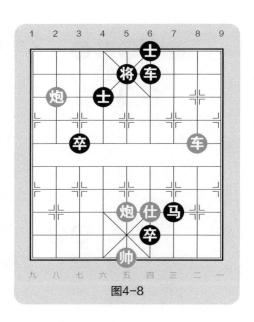

图4-8

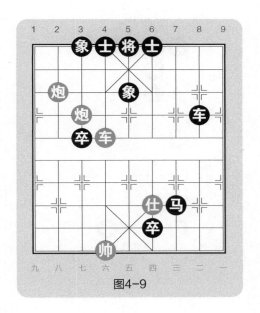

图4-9

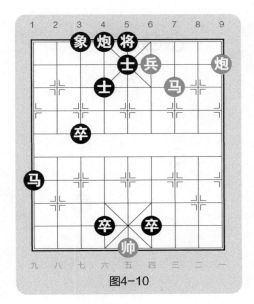

图4-10

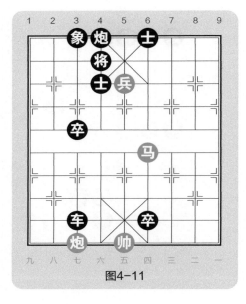

图4-11

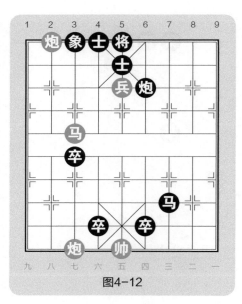

图4-12

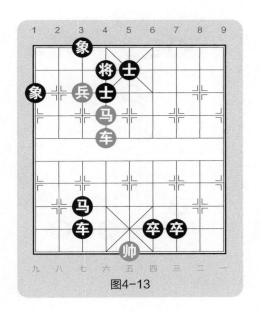

图4-13

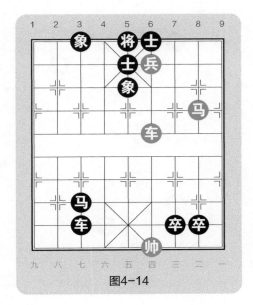

图4-14

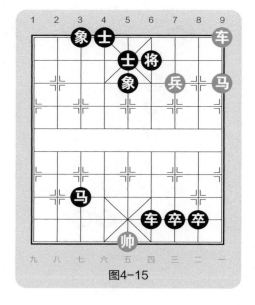

图4-15

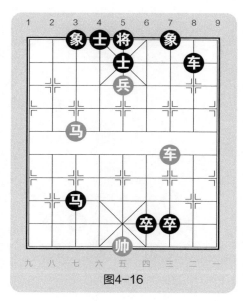

图4-16

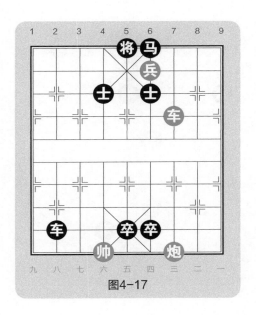

图4-17

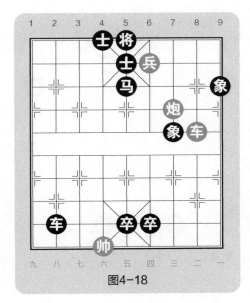

图4-18

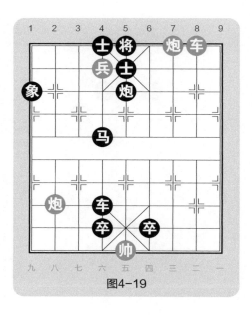

图4-19

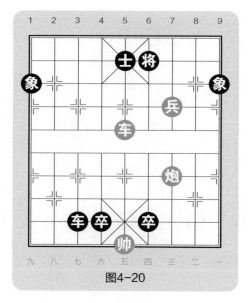

图4-20

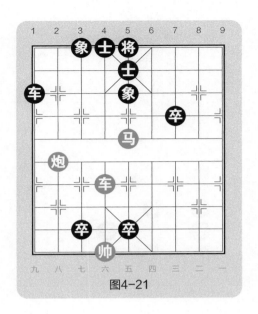

图4-21

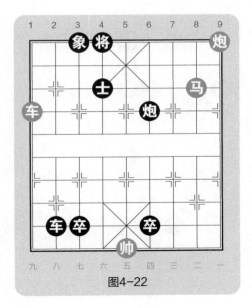

图4-22

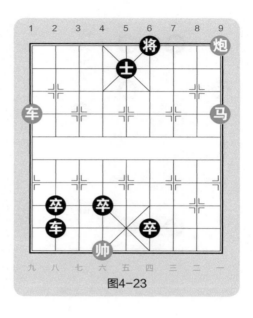

图4-23

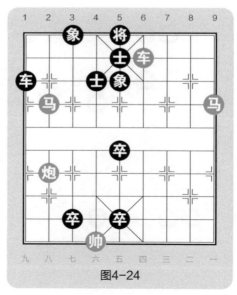

图4-24

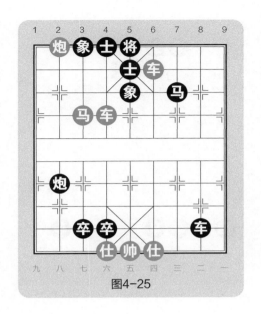

图4-25

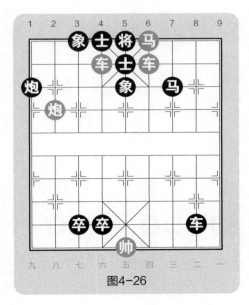

图4-26

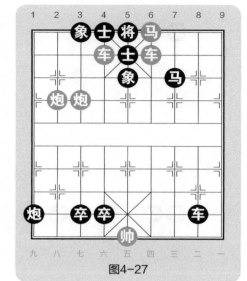

图4-27

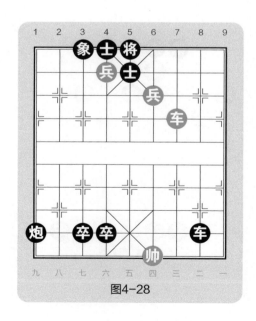

图4-28

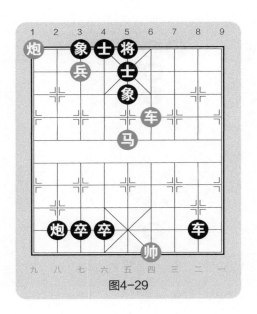

图4-29

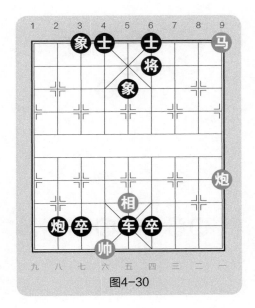

图4-30

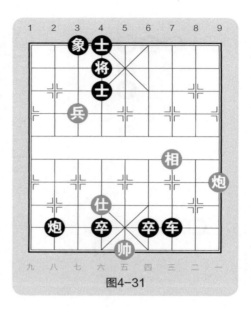

图4-31

图4-32

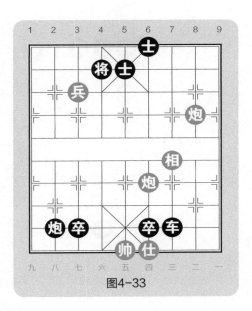

图4-33

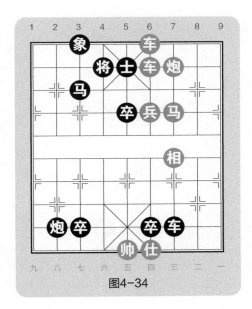

图4-34

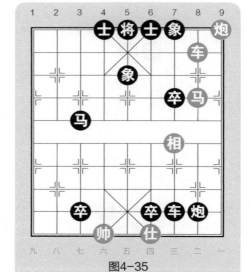

图4-35

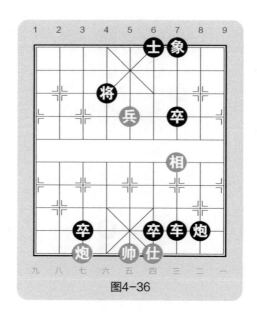

图4-36

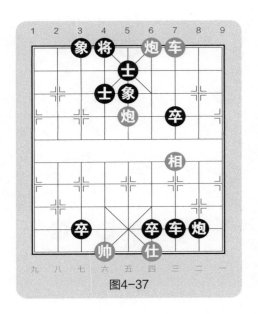

图4-37

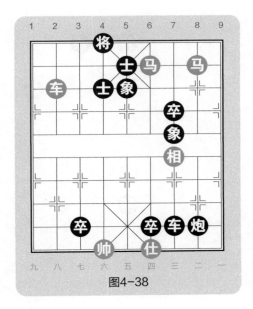

图4-38

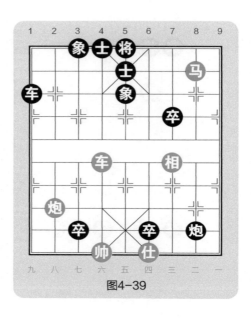

图4-39

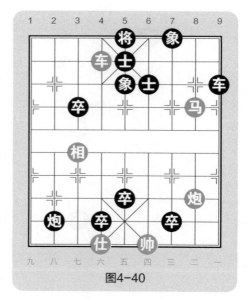

图4-40

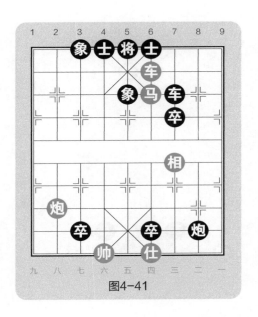

图4-41

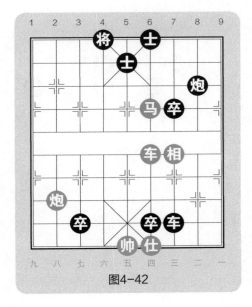

图4-42

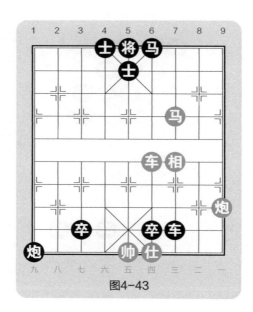

图4-43

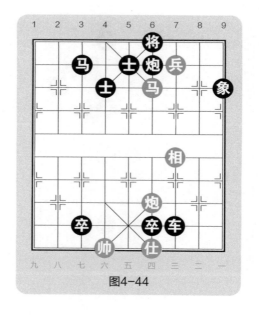

图4-44

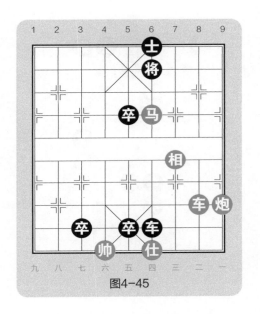

图4-45

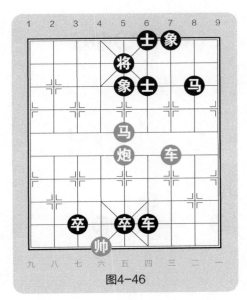

图4-46

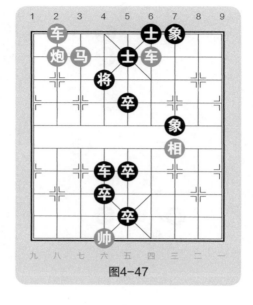

图4-47

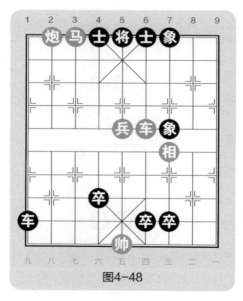

图4-48

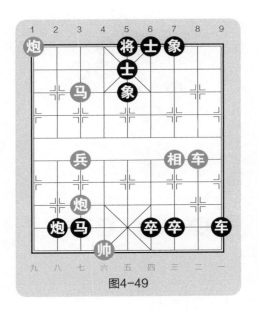

图4-49

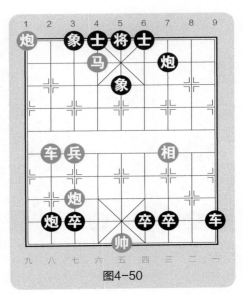

图4-50

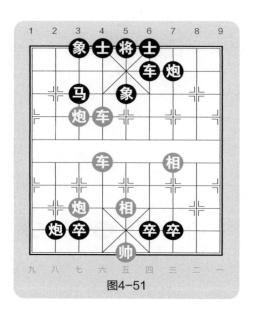

图4-51

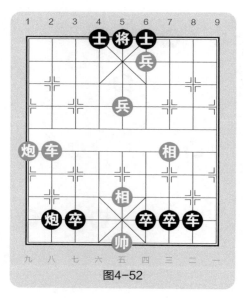

图4-52

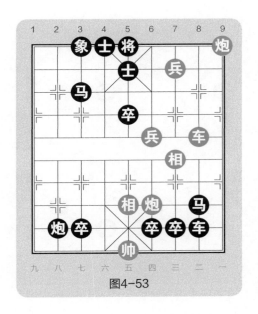

图4-53

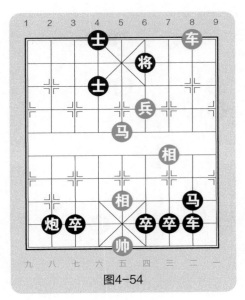

图4-54

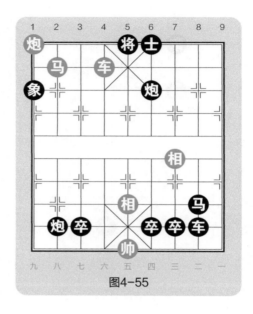

图4-55

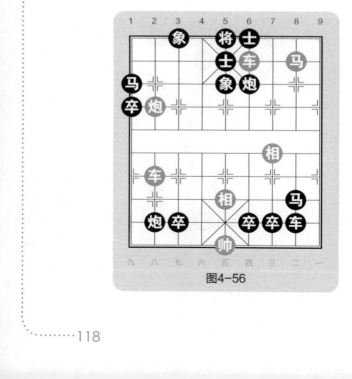

图4-56

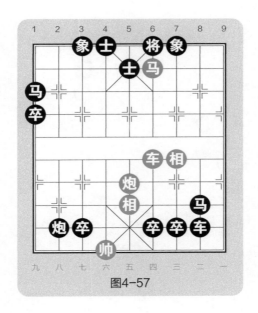

图4-57

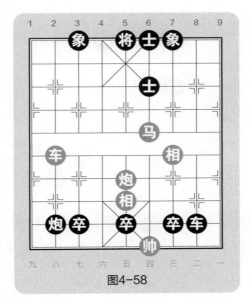

图4-58

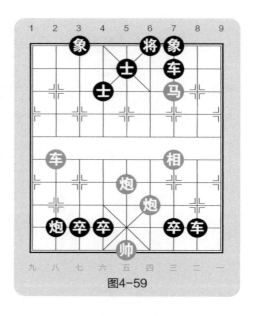

图4-59

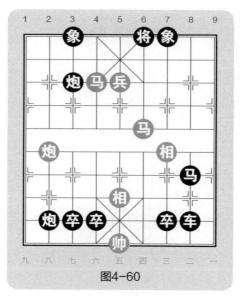

图4-60

五步杀

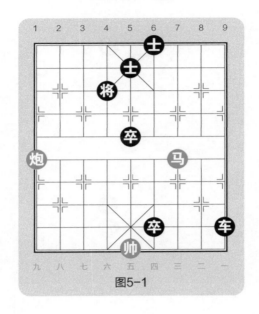

图5-1

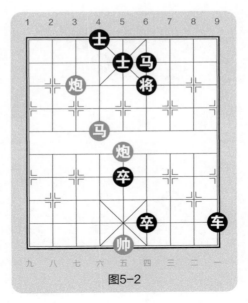

图5-2

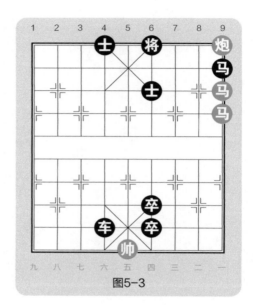

图5-3

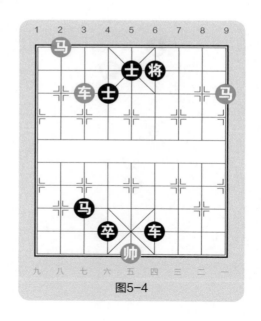

图5-4

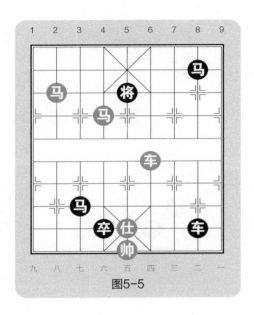

图5-5

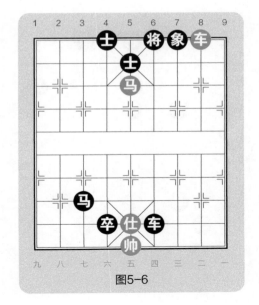

图5-6

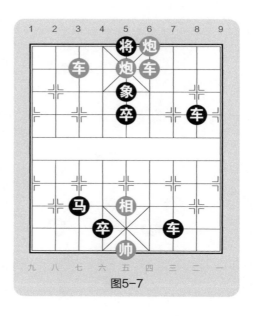

图5-7

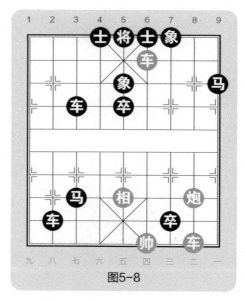

图5-8

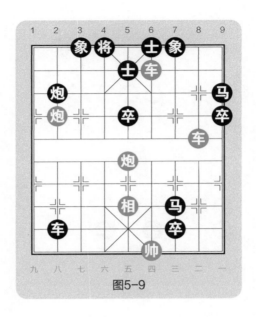

图5-9

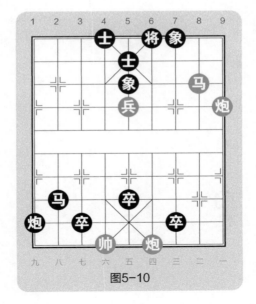

图5-10

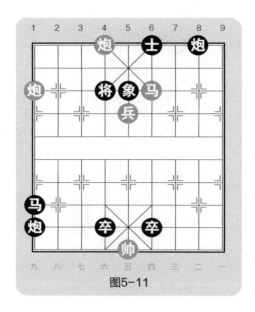

图5-11

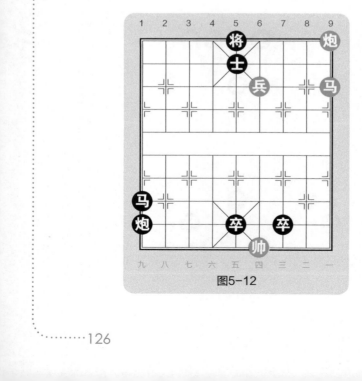

图5-12

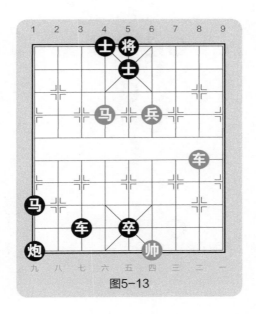

图5-13

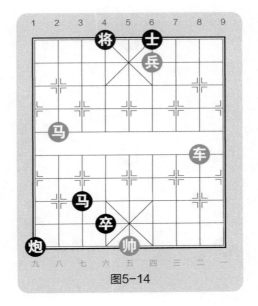

图5-14

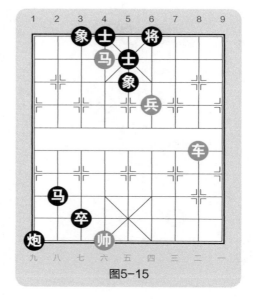

图5-15

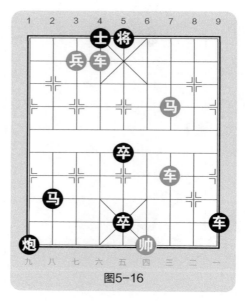

图5-16

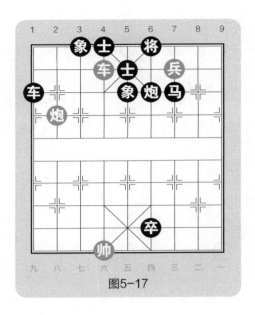

图5-17

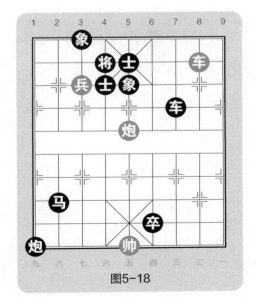

图5-18

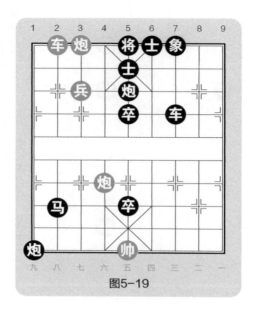

图5-19

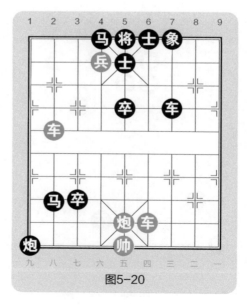

图5-20

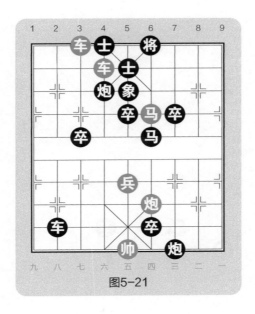

图5-21

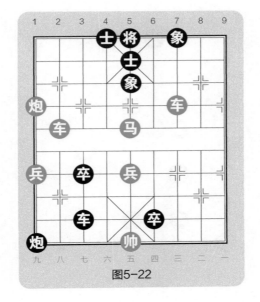

图5-22

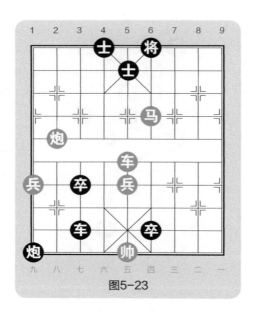

图5-23

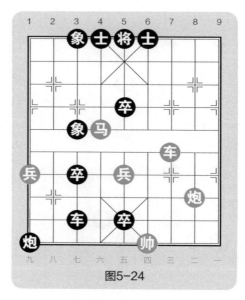

图5-24

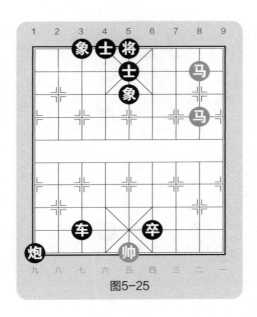

图5-25

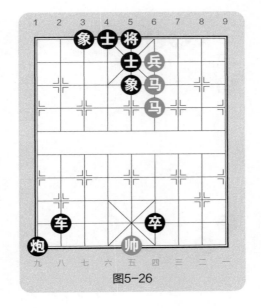

图5-26

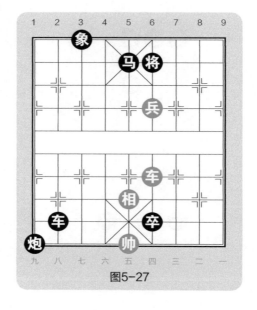

图5-27

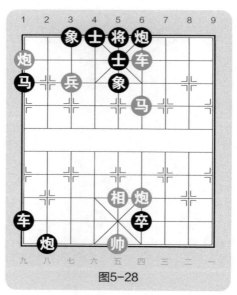

图5-28

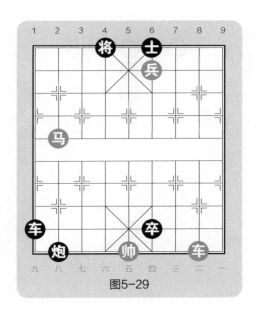

图5-29

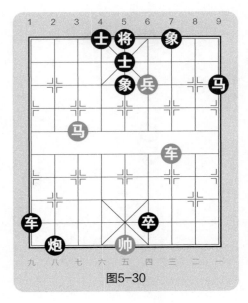

图5-30

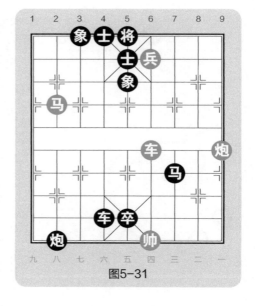

图5-31

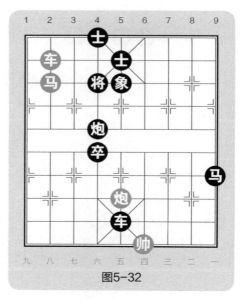

图5-32

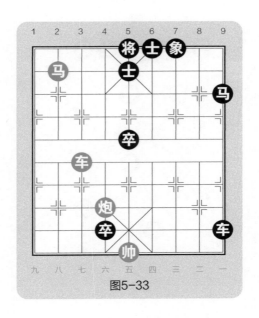

图5-33

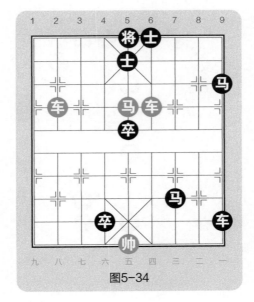

图5-34

五步杀

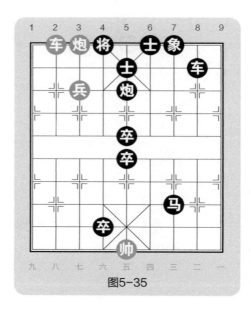

图5-35

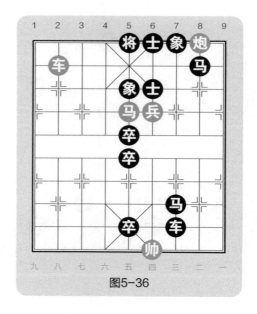

图5-36

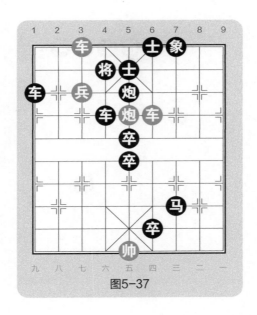

图5-37

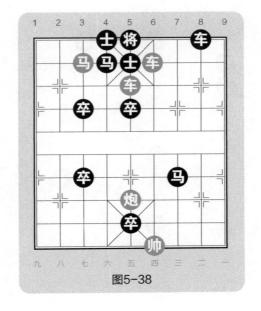

图5-38

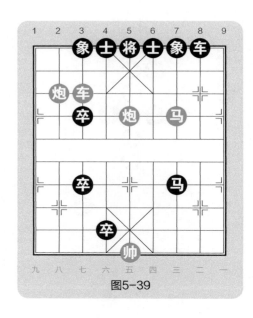

图5-39

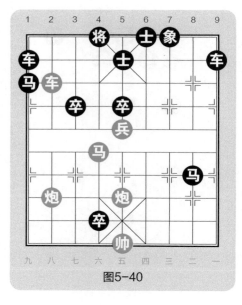

图5-40

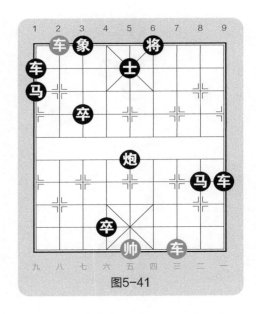

图5-41

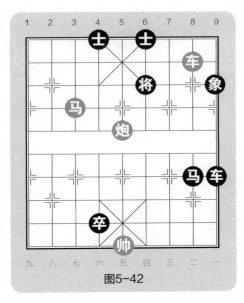

图5-42

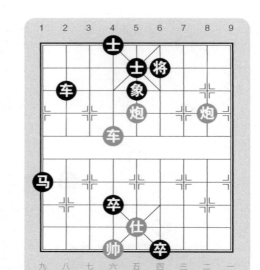

图5-43

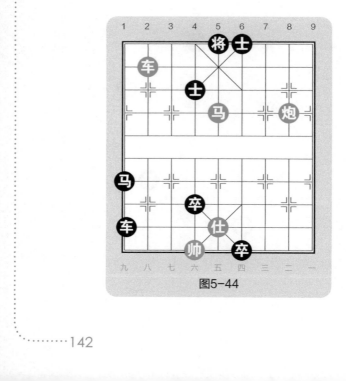

图5-44

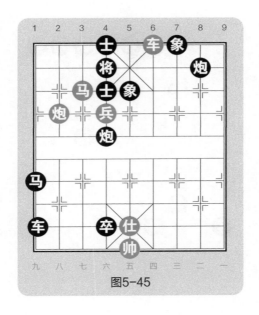

图5-45

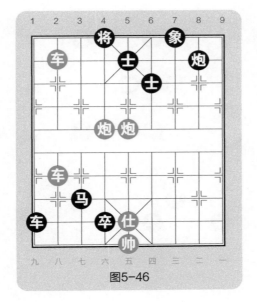

图5-46

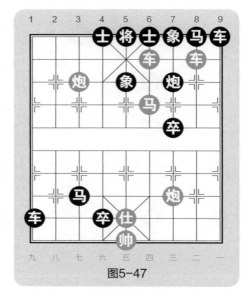

图5-47

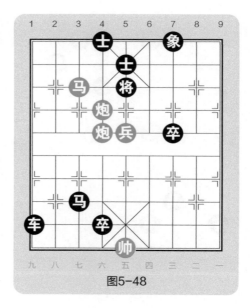

图5-48

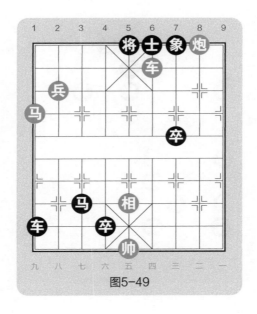

图5-49

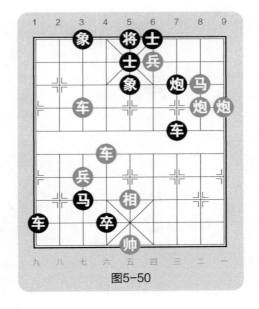

图5-50

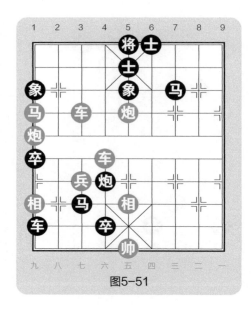

图5-51

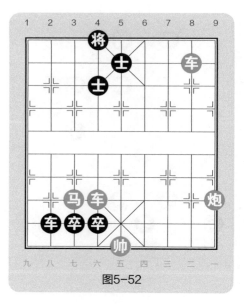

图5-52

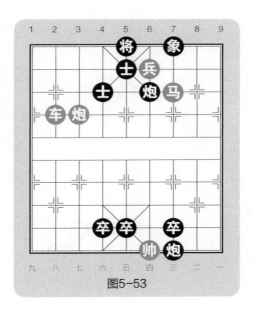

图5-53

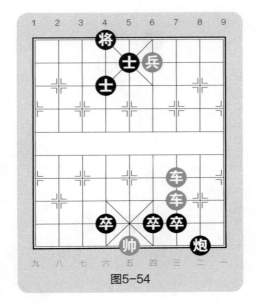

图5-54

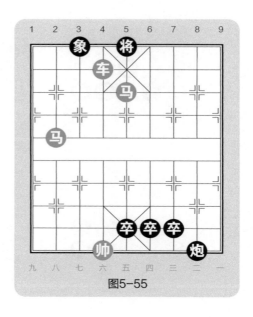

图5-55

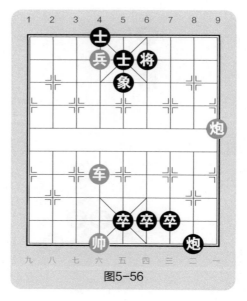

图5-56

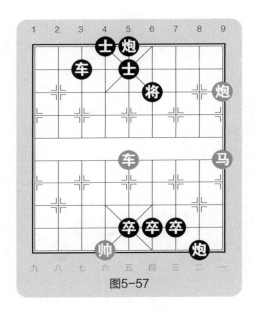

图5-57

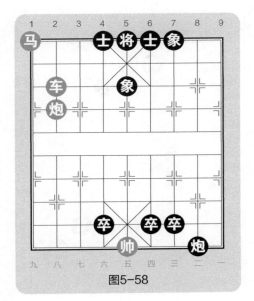

图5-58

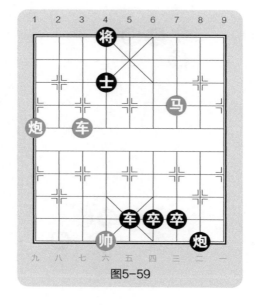

图5-59

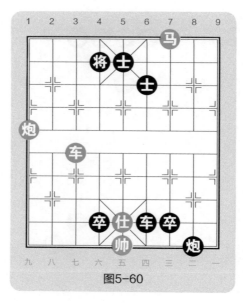

图5-60

参考答案

一步杀答案

图1-1	①兵五进一 红胜	图1-16	①马二退三 红胜
图1-2	①兵四进一 红胜	图1-17	①车一平六 红胜
图1-3	①炮八进二 红胜	图1-18	①车三平四 红胜
图1-4	①士五进四 红胜	图1-19	①车二进一 红胜
图1-5	①马六进七 红胜	图1-20	①车七平四 红胜
图1-6	①马七进八 红胜	图1-21	①炮一平四 红胜
图1-7	①车二平五 红胜	图1-22	①马七退六 红胜
图1-8	①车七进一 红胜	图1-23	①炮二平六 红胜
图1-9	①兵四进一 红胜	图1-24	①马七进六 红胜
图1-10	①炮二进三 红胜	图1-25	①炮二退二 红胜
图1-11	①炮三进七 红胜	图1-26	①炮五进三 红胜
图1-12	①兵六进一 红胜	图1-27	①车二退一 红胜
图1-13	①兵六进一 红胜	图1-28	①车二平四 红胜
图1-14	①马二退四 红胜	图1-29	①马七退六 红胜
图1-15	①兵六进一 红胜	图1-30	①车九平六 红胜

图1-31	①车三平五 红胜	图1-46	①炮七进五 红胜
图1-32	①车三平五 红胜	图1-47	①炮三进七 红胜
图1-33	①马四退五 红胜	图1-48	①后炮平四 红胜
图1-34	①车二平四 红胜	图1-49	①车一进三 红胜
图1-35	①车四进五 红胜	图1-50	①车一平六 红胜
图1-36	①车四平六 红胜	图1-51	①兵四进一 红胜
图1-37	①马七进八 红胜	图1-52	①马八退六 红胜
图1-38	①马三进二 红胜	图1-53	①马三退四 红胜
图1-39	①兵四进一 红胜	图1-54	①车四进六 红胜
图1-40	①兵四进一 红胜	图1-55	①车四进六 红胜
图1-41	①马九退七 红胜	图1-56	①马三进五 红胜
图1-42	①兵五平六 红胜	图1-57	①兵四进一 红胜
图1-43	①兵四平五 红胜	图1-58	①车二平四 红胜
图1-44	①马七进八 红胜	图1-59	①车五进一 红胜
图1-45	①马四进二 红胜	图1-60	①马四进二 红胜

两步杀答案

图2-1

①马三进二　将6进1

②兵六平五　红胜

图2-2

①马二进四　将5平4

②兵六进一　红胜

图2-3

　①兵六进一　　士 5 退 4

　②马八进七　　红胜

图2-4

　①兵七进一　　将 4 进 1

　②马三进四　　红胜

图2-5

　①兵六平五　　马 6 退 5

　②炮五平四　　红胜

图2-6

　①炮三平六　　马 3 退 4

　②兵六进一　　红胜

图2-7

　①兵五进一

　（或兵五平六）将 6 进 1

　②后炮平四　　红胜

图2-8

　①兵四平五　　马 7 退 5

　②兵六进一　　红胜

　或①兵六平五　马 7 退 5

　②兵四进一　　红胜

图2-9

　①兵三进一　　将 6 退 1

　②车二进三　　红胜

图2-10

　①兵四进一　　将 6 进 1

　②车六平四　　红胜

图2-11

　①兵六平五　　将 6 退 1

　②车五进四　　红胜

图2-12

　①兵六平五　　将 6 进 1

　②车五平四　　红胜

图2-13

　①马五进四　　将 5 平 6

　②炮五平四　　红胜

图2-14

　①马五进六　　炮 5 平 4

　②马六进八

　（或马六进四）红胜

图2-15

　①马二退四　　将 4 退 1

②马四进六　红胜

图2-16

　①马七进八　将4进1

　②炮九进六　红胜

或①马七进八　将4平5

　②炮九进七　红胜

图2-17

　①前车进三　士5退6

　②车四进六　红胜

图2-18

　①车二平四　马4退6

　②马三进二　红胜

图2-19

　①车三进一　将6进1

　②车三平四　红胜

或①车三进一　将6退1

　②车三进一　红胜

图2-20

　①车四平五　士6进5

　②马四进三　红胜

图2-21

　①车三平四　将6进1

　②炮五平四　红胜

图2-22

　①炮四平五　士6进5

　②车二进一　红胜

图2-23

　①炮八进五　马3退2

　②车六进五　红胜

图2-24

　①车四平五　马3退5

　②车六进一　红胜

或①车六平五　马3退5

　②车四进一　红胜

图2-25

　①车二进三　士5退6

　②炮八进三　红胜

或①炮八进三　士5退4

　②车二进三　红胜

图2-26

　①炮八进三　将6进1

②车二进二　红胜

图2-27

　①车二进二　将6退1

　②兵六进一　红胜

图2-28

　①炮七进三　将6进1

　②兵四进一　红胜

图2-29

　①兵四平五　将5进1

　②马六退五　红胜

或①兵四平五　将5平4

　②炮五平六　红胜

图2-30

　①马一退三　将5平6

　②炮一平四　红胜

图2-31

　①炮一进六　士6退5

　②兵五进一　红胜

图2-32

　①兵六平五　将5进1

　②炮八进二　红胜

图2-33

　①车二平三　炮7退2

　②炮二进四　红胜

图2-34

　①车三进一

　炮6退1（或士5退6）

　②车三平四　红胜

图2-35

　①马二进三　将5平4

　②马三退五　红胜

或①马二进三　将5平6

　②车八平四

　　（或马三退五）　红胜

图2-36

　①马四进五　将4进1

　②车一进四　红胜

图2-37

　①马二进三　将5进1

　②炮一进二　红胜

图2-38

　①马五进六　车8平4

155

②马六进七　红胜

图2-39

　①马三进二　炮6退1

　②马二退四　红胜

图2-40

　①马四进二　将6进1

　②炮一进三　红胜

或①马四进二　将6平5

　②炮一平五　红胜

图2-41

　①马七进八　将4退1

　②炮九进五　红胜

图2-42

　①马五进七　将4进1

　②炮五平六　红胜

图2-43

　①马八进七　将5平4

　②炮三平六　红胜

图2-44

　①马二退四　士6进5

　②炮二进一　红胜

图2-45

　①马八退六　将5平4

　②炮五平六　红胜

图2-46

　①车六进五　将5平4

　②车四进一　红胜

图2-47

　①马七退五　将4平5

　②马六进四　红胜

图2-48

　①车八进六　士6进5

　②车九平四　红胜

图2-49

　①车三进三　士5退6

　②车三平四　红胜

图2-50

　①兵五平六　将4进1

　②车五平六　红胜

图2-51

　①车二平六　车4退5

　②车七进一　红胜

图2-52

①前车平四　将6进1

②车二平四　红胜

或①前车平四　将6平5

②车二进三　红胜

图2-53

①仕四退五

士6进5（或士6退5）

②兵七平六　红胜

图2-54

①后兵平五　象7退5

②兵五进一　红胜

图2-55

①兵四平五　将5进1

②仕四退五

（或仕六进五）　红胜

图2-56

①兵六平五　士4进5

②仕四退五　红胜

或①兵六平五　将6退1

②兵二平三　红胜

图2-57

①兵五进一　将5进1

②仕四退五　红胜

图2-58

①炮二进一　象5退7

②炮三进九　红胜

图2-59

①兵六平五　将5进1

②炮八进三　红胜

图2-60

①炮二平四　卒7平6

②马四进六　红胜

三步杀答案

图3-1

①马二进三　将5进1

②车四进二　将5退1

③车四平六　红胜

图3-2

①车三进一　将6进1

②车三平四　士5退6

③马三进二　红胜

图3-3

①车三进一　将4退1

②马五进七　将4平5

③车三平五　红胜

图3-4

①马六进五　将6平5

②马五进七　将5平6

③马七进六　红胜

图3-5

①车六进四　车5退1

②车六平五　将6进1

③车五平四　红胜

图3-6

①车八进二　将4进1

②车八退一　将4退1

③炮七进二　红胜

图3-7

①车三进三　将5进1

②车三退一　将5退1

③炮七进二　红胜

图3-8

①炮五平四　士6退5

②车五平四　将6平5

③炮八进七　红胜

图3-9

①马二退四　将6进1

②兵三进一　将6进1

③车一退二　红胜

158

图3-10

  ①兵七进一　将4进1

  ②车五进三　象7退5

  ③马二进四　红胜

图3-11

  ①马三进五　车9平5

  ②兵四平五　将4平5

  ③车七进三　红胜

图3-12

  ①车三进三　将5进1

  ②兵七平六　将5平4

  ③车三退一　红胜

图3-13

  ①兵七进一　将4进1

  ②马三进五　将4平5

  ③炮一平五　红胜

图3-14

  ①炮一平六　将4平5

  ②马四进三　将5进1

  ③兵七平六　红胜

图3-15

  ①炮一进七　将6进1

  ②马四进二　将6进1

  ③炮一退二　红胜

图3-16

  ①炮一平六　将4平5

  ②兵四进一　将5平6

  ③炮六平四　红胜

图3-17

  ①炮三进七　象5退7

  ②兵六平五　士6进5

  ③车三进三　红胜

图3-18

  ①车六进一　将6退1

  ②车六进一　将6进1

  ③车六退一　红胜

图3-19

  ①炮八平五　象5退3

  ②兵四平五　将5平6

  ③车六平四　红胜

图3-20

①兵四进一　将6退1

②兵四进一　将6平5

③兵四进一　红胜

图3-21

①车三进一　将6进1

②车三平四　士5退6

③马三进二　红胜

图3-22

①车三平五　将4进1

②马七退六　前卒平4

③马六进四　红胜

图3-23

①车四进一　将5平6

②马五进三　将6进1

③炮五平四　红胜

图3-24

①马三进二　将6平5

②马二退四　将5平4

③炮一平六　红胜

图3-25

①马二进三　将5进1

②马三退四　将5退1

③车二进一　红胜

图3-26

①车八进二　将5退1

②马五进六　将5平6

③车八平四　红胜

图3-27

①马六进四　将4平5

②马四进三　将5平6

③车六平四　红胜

图3-28

①马四进三　将6进1

②马三退五　将6退1

③车二进五　红胜

图3-29

①车五平六　将4平5

②马五退三　将5平6

③车六平四　红胜

图3-30

　①马七进五　将6退1

　②马五进三　将6进1

　③车五平四　红胜

图3-31

　①马四进六　将6退1

　②车五平四　士5进6

　③车四进三　红胜

图3-32

　①车八进四　将4进1

　②马四退五　将4进1

　③车八退二　红胜

图3-33

　①车三进一　象5退7

　②马五进六　将5平6

　③马三进二　红胜

图3-34

　①马二进四　将5平4

　②兵七平六　车3平4

　③兵六进一　红胜

图3-35

　①马八退六　将5退1

　②前马退四　将5进1

　③马六进八　红胜

图3-36

　①炮一平四　将6平5

　②炮八进二　将5退1

　③马二进四　红胜

图3-37

　①马三进二　将6平5

　②炮一进六　士5退6

　③马二退四　红胜

图3-38

　①车六进七　士5退4

　②前马进二　将6进1

　③马一进三　红胜

图3-39

　①马八进六　将5平6

　②车九平六　士5退4

　③车五进五　红胜

161

图3-40

① 马五进六　将 5 平 4

② 马六进八　将 4 进 1

③ 马三进四　红胜

图3-41

① 马四进三　将 6 进 1

② 马三进二　将 6 退 1

③ 车五进四　红胜

图3-42

① 车二平三　士 5 退 6

② 马六进七　将 5 进 1

③ 车三退一　红胜

图3-43

① 马四进三　将 5 进 1

② 马三退二　将 5 退 1

③ 马二进四　红胜

图3-44

① 兵五进一　士 4 进 5

② 炮八进七　象 3 进 5

③ 车六进五　红胜

图3-45

① 车六进二　将 5 平 4

② 炮三退一　将 4 进 1

③ 马三退五　红胜

图3-46

① 车三平四　将 5 平 6

② 马三进二　将 6 平 5

③ 炮三进七　红胜

图3-47

① 炮四退六　将 4 进 1

② 炮四平六　将 4 平 5

③ 车三退一　红胜

图3-48

① 车六进二　士 4 进 5

② 车六平五　将 6 退 1

③ 炮五平四　红胜

图3-49

① 前车平六　马 2 退 4

② 车六进四　将 4 进 1

③ 车五平六　红胜

图3-50

　①马二退四　将5平4

　②车三平六　士5进4

　③车六进三　红胜

图3-51

　①后马进三　将5平6

　②马三退五　将6平5

　③马五进七　红胜

图3-52

　①马二进三　车6退2

　②车二进五　士5退6

　③车二平四　红胜

图3-53

　①炮八进七　象5退3

　②兵四平五　将5平6

　③兵三平四　红胜

图3-54

　①车二进五　将6进1

　②车一进四　将6进1

　③车二退二　红胜

图3-55

　①马二进三　将5平6

　②兵四进一　将6平5

　③兵四进一　红胜

图3-56

　①马八进六　将5平6

　②车八平六　士5退4

　③车五进五　红胜

图3-57

　①兵七进一　将4进1

　②后兵平五　车5退2

　③炮五平六　红胜

图3-58

　①车四进七　将5退1

　②车四进一　将5退1

　③车三进一　红胜

图3-59

　①兵五进一　将4退1

　②兵五进一　将4退1

　③马九进八　红胜

图3-60

①兵七进一　将4退1

②兵七进一　将4进1

③马二进四　红胜

四步杀答案

图4-1

①炮一进七　象7进9

②马三进四　将5平6

③炮五平四　炮7平6

④马四进三　红胜

图4-2

①炮三进七　将6进1

②马二进三　将6进1

③马三进二　将6退1

④炮一退一　红胜

图4-3

①马三进二　炮6退6

②马二退四　炮6进9

③马四进二　炮6退9

④马二退四　红胜

图4-4

①马二退三　将5平6

②车七进四　士5进4

③车七平六　象7进5

④车六平五　红胜

图4-5

①马一进二　将6退1

②马八进六　士5退4

③马二退三　将6退1

④车五进五　红胜

图4-6

①马八进六　将5平4

②车四进一　将4进1

③后马进八　将4平5

④马六进七　红胜

图4-7

①炮一进四　将5进1

②车二进三　将5进1

③炮三进二　士6退5

④炮一退二　红胜

图4-8

①车二平五　将5平4

②炮五平六　士4退5

③炮八平六　将4进1

④车五平六　红胜

图4-9

①车六进四　将5进1

②车六退一　将5退1

③炮八进二　象3进1

④炮七进三　红胜

图4-10

①兵四进一　炮4平6

②炮一进一　炮6进2

③马三进二　炮6退2

④马二退四　红胜

图4-11

①炮七平六　士4退5

②兵五平六　将4进1

③马四进六　车3平4

④马六进四　红胜

图4-12

①马七进六　将5平6

②炮七进九　将6进1

③兵五平四　将6进1

④炮七退二　红胜

图4-13

①兵七平六　将4退1

②兵六进一　将4平5

③兵六平五　将5平6

④车六平四　红胜

图4-14

①兵四进一　士5退6

②马二进三　将5进1

③车四进三　将5退1

④车四平六　红胜

165

图4-15

　①马一进二　将6退1

　②马二退四　将6进1

　③兵三进一　将6进1

　④车一退二　红胜

图4-16

　①马七进六　将5平6

　②车三进五　将6进1

　③兵五平四　将6进1

　④车三退二　红胜

图4-17

　①车三平五　将5平4

　②车五进三　将4进1

　③炮三进八　士6退5

　④兵四平五　红胜

图4-18

　①车二进四　象9退7

　②车二平三　士5退6

　③车三平四　马5退6

　④炮三进三　红胜

图4-19

　①炮八进七　象1退3

　②炮三平六　士5退6

　③炮六平四　象3进1

　④炮四退四　红胜

图4-20

　①车五平四　士5进6

　②车四进二　将6进1

　③兵三平四　将6退1

　④炮三平四　红胜

图4-21

　①马五进四　士5进6

　②车六进六　将5进1

　③车六退一　将5退1

　④炮八进五　红胜

图4-22

　①马二进四　士4退5

　②车九平六　将4平5

　③马四进二　炮6退3

　④马二退四　红胜

166

图4-23

 ①马一进三　将6平5

 ②车九进三　士5退4

 ③车九平六　将5平4

 ④马三进四　红胜

图4-24

 ①马八进七　将5平4

 ②炮八进六　将4进1

 ③车四平五　将4平5

 ④炮八退一　红胜

图4-25

 ①车四平五　将5进1

 ②车六进二　将5退1

 ③车六进一　将5进1

 ④车六退一　红胜

图4-26

 ①车四平五　士4进5

 ②炮八进三　士5退4

 ③车六进一　将5进1

 ④车六退一　红胜

图4-27

 ①车四平五　马7退5

 ②车六进一　将5平4

 ③炮八进三　象3进1

 ④炮七进三　红胜

图4-28

 ①车三进三　士5退6

 ②车三平四　将5平6

 ③兵四进一　将6平5

 ④兵四进一　红胜

图4-29

 ①车四进三　士5退6

 ②马五进四　将5进1

 ③炮九退一　炮2退7

 ④兵七平八　红胜

图4-30

 ①马一退二　将6平5

 ②马二退四　将5退1

 ③马四进三　将5进1

 ④炮一进五　红胜

图4-31

　①炮一平六　士4退5

　②兵七平六　士5进4

　③兵六进一　将4进1

　④炮六退二　红胜

图4-32

　①兵七平六　将5退1

　②炮四平五　士6进5

　③兵六进一　将5平6

　④炮五平四　红胜

图4-33

　①炮四进五　士5进6

　②兵七进一　将4进1

　③炮二进一　士6退5

　④炮四退一　红胜

图4-34

　①后车平五　将4平5

　②马三进四　将5进1

　③兵四进一　将5平6

　④马四进六　红胜

图4-35

　①马二进三　将5进1

　②马三退四　将5退1

　③车二平五　士4进5

　④马四进三　红胜

图4-36

　①兵五平六　将4退1

　②炮七平六　卒3平4

　③兵六进一　将4退1

　④兵六进一　红胜

图4-37

　①炮四退四　士5退6

　②车三平四　将4进1

　③炮四平六　士4退5

　④炮五平六　红胜

图4-38

　①车八进二　象5退3

　②车八平七　将4进1

　③马二进四　士5退6

　④车七退一　红胜

168

图4-39

①马二退四　士5进6

②车六进五　将5进1

③车六退一　将5退1

④炮八进七　红胜

图4-40

①马二进三　将5平6

②炮二进七　将6进1

③车六平五　将6平5

④炮二退一　红胜

图4-41

①车四进一　将5进1

②车四平五　将5平6

③炮八平四　将6进1

④车五平四　红胜

图4-42

①车四平六　炮8平4

②车六进三　士5进4

③炮八平六　士4退5

④马四进六　红胜

图4-43

①车四进五　将5平6

②马三进二　将6平5

③马二退四　将5平6

④炮一平四　红胜

图4-44

①兵三平四　将6平5

②兵四进一　将5平4

③兵四平五　马3退5

④炮四平六　红胜

图4-45

①车二进六　将6进1

②车二平四　将6退1

③马四进二　将6平5

④炮一平五　红胜

图4-46

①车三进四　马8退6

②车三平四　将5退1

③马五进六　将5平4

④炮五平六　红胜

169

图4-47

①车八平六　士5退4

②车四平六　将4平5

③车六退四　将5平6

④车六平四　红胜

图4-48

①马七退六　将5进1

②车四进三　将5进1

③兵五进一　将5平4

④兵五平六　红胜

图4-49

①马七进六　炮2退8

②马六退五　士5退4

③马五进七　将5进1

④车二进四　红胜

图4-50

①炮七进七　将5进1

②炮九退一　将5平4

③炮七退一　将4进1

④车八进三　红胜

图4-51

①前炮进三　象5退3

②炮七进七　将5进1

③前车进二　将5进1

④后车进三　红胜

图4-52

①炮九进五　士4进5

②车八进五　士5退4

③兵四平五　将5进1

④车八退一　红胜

图4-53

①车二进四　士5退6

②车二平四　将5进1

③炮一退一　将5进1

④车四退二　红胜

图4-54

①兵四进一　将6平5

②车二退一　将5退1

③马五进六　将5平6

④兵四进一　红胜

图4-55

①车六进一　将5进1

②炮九退一　将5进1

③车六平五　士6进5

④车五退一　红胜

图4-56

①炮八进三　马1退2

②车四进一　士5退6

③马二退四　将5进1

④车八进五　红胜

图4-57

①马四退三　士5进6

②车四进三　将6平5

③马三进五　士4进5

④马五进七　红胜

图4-58

①马四进五　士6进5

②马五进七　将5平4

③车八平六　士5进4

④车六进三　红胜

图4-59

①车八平四　士5进6

②车四进三　将6平5

③车四进二　将5平6

④炮五平四　红胜

图4-60

①马四进三　将6进1

②兵五进一　将6进1

③马六退五　将6平5

④炮八平五　红胜

五步杀答案

图5-1

①马三进五　将4退1

②马五进七　将4退1

③马七进八　将4平5

④马八退六　将5平4

⑤炮九平六　红胜

171

图5-2

①炮五进三　士5进4

②炮五进二　士4退5

③马六进五　士5进4

④马五退四　士4退5

⑤马四进二　红胜

图5-3

①后马进三　将6进1

②马三进二　马9退7

③马一退三　将6退1

④马三进二　将6进1

⑤炮一退一　红胜

图5-4

①马一退三　将6进1

②车七平六　士5进4

③马八退六　士4退5

④马三进二　将6退1

⑤马六退五　红胜

图5-5

①马六进七　将5平4

②马八退七　将4退1

③车四进四　将4退1

④前马退五　将4平5

⑤马七进六　红胜

图5-6

①车二平三　将6进1

②马五退三　将6进1

③车三退二　将6退1

④车三平二　将6退1

⑤车二进二　红胜

图5-7

①炮五退二　车8平5

②车四平五　将5平6

③车五平四　将6平5

④车七平五　将5平4

⑤车四进一　红胜

图5-8

①车四进一　将5进1

②车四退一　将5退1

③炮二进七　马9退8

④车四进一　将5进1

⑤车二进八　红胜

172

图5-9

①车二平六　炮2平4

②车六进二　士5进4

③车四进一　将4进1

④炮八平六　士4退5

⑤炮五平六　红胜

图5-10

①炮一进三　象7进9

②马二进三　将6进1

③马三退四　卒7平6

④马四进二　卒6进1

⑤炮一退一　红胜

图5-11

①兵五进一　将4退1

②兵五进一　将4进1

③马四进六　炮8平4

④马六退八　炮1退6

⑤马八退七　红胜

图5-12

①马一进二　士5退6

②马二退三　士6进5

③马三进四　将5平6

④兵四进一　将6平5

⑤兵四进一　红胜

图5-13

①车二进五　士5退6

②马六进四　将5进1

③车二退一　将5进1

④兵四平五　将5平4

⑤车二平六　红胜

图5-14

①马八进七　将4进1

②兵四平五　士6进5

③马七退五　将4退1

④车二进五　士5退6

⑤车二平四　红胜

图5-15

①车二进五　象5退7

②车二平三　将6进1

③兵四进一　将6进1

④车三平四　将6平5

⑤马六退七　红胜

173

图5-16

①车六进一　将5平4

②马三进四　将4平5

③马四退六　将5进1

④马六进七　将5退1

⑤车三进六　红胜

图5-17

①兵三平四　将6平5

②兵四平五　士4进5

③炮八进三　士5退4

④车六进一　将5进1

⑤车六退一　红胜

图5-18

①兵七进一　将4退1

②车二进一　象5退7

③车二平三　车7退3

④兵七进一　将4进1

⑤炮五平六　红胜

图5-19

①炮六进六　将5平4

②炮七平四　将4进1

③兵七进一　将4进1

④炮四退二　士5进6

⑤车八平六　红胜

图5-20

①兵六进一　将5平4

②车四进八　将4进1

③车八平六　士5进4

④车六进二　将4进1

⑤车四平六　红胜

图5-21

①马四进五　马6进5

②马五退三　炮7退7

③车六进一　将6进1

④车六退一　将6进1

⑤车七平四　红胜

图5-22

①马五进六　士5进4

②炮九平五　象5进3

③车三进三　将5进1

④车八进三　将5进1

⑤车三退二　红胜

174

图5-23

①炮八进四　将6进1

②马四进二　将6进1

③马二进三　将6退1

④车五平四　士5进6

⑤车四进三　红胜

图5-24

①炮二进七　士6进5

②车三进五　士5退6

③车三平四　将5进1

④马六进七　将5平4

⑤车四平六　红胜

图5-25

①后马进三　将5平6

②马三退五　将6平5

③马五进三　将5平6

④马三退四　将6平5

⑤马四进六　红胜

图5-26

①兵四进一　将5平6

②前马进二　将6平5

③马四进三　将5平6

④马三退五　将6平5

⑤马五进七　红胜

图5-27

①兵四进一　将6退1

②兵四进一　将6平5

③兵四进一　将5平4

④车四平六　马5进4

⑤车六进三　红胜

图5-28

①车四进一　士5退6

②马四进三　将5进1

③兵七进一　炮2退8

④兵七平六　将5平6

⑤马三退四　红胜

图5-29

①马八进七　将4进1

②兵四平五　士6进5

③马七进八　将4退1

④车二进九　士5退6

⑤车二平四　红胜

175

图5-30

①马七进六　　士5进4

②车三进五　　将5进1

③兵四平五　　将5平4

④兵五平六　　将4进1

⑤车三平六　　红胜

图5-31

①马八进七　　车4退7

②兵四进一　　士5退6

③炮一进五　　象5退7

④车四进五　　将5进1

⑤车四平五　　红胜

图5-32

①车八平六　　炮4退3

②炮五平六　　卒4平5

③马八退六　　卒5平4

④马六退四　　卒4平5

⑤马四退六　　红胜

图5-33

①车七进五　　士5退4

②马八退六　　将5进1

③马六退四　　将5退1

④车七平六　　将5平4

⑤马四进六　　红胜

图5-34

①车八进三　　士5退4

②车八平六　　将5进1

③马五进七　　将5进1

④车四平五　　将5平6

⑤车六平四　　红胜

图5-35

①炮七平四　　将4进1

②兵七进一　　将4进1

③炮四退二　　士5进6

④车八平六　　车8平4

⑤车六退一　　红胜

图5-36

①车八进一　　象5退3

②车八平七　　将5进1

③马五进七　　将5进1

④兵四平五　　将5平4

⑤车七平六　　红胜

图5-37

①车七退一　将4退1

②车四进三　士5退6

③车七进一　将4进1

④兵七进一　将4进1

⑤车七平六　红胜

图5-38

①车五进一　士4进5

②车四平五　将5平4

③炮五平六　前卒平4

④车五平六　将4平5

⑤车六平四　红胜

图5-39

①马三进五　士6进5

②马五进三　将5平6

③车七平四　士5进6

④炮五平四　士6退5

⑤炮八平四　红胜

图5-40

①车八进二　将4进1

②炮八平六　士5进4

③马六进五　将4平5

④马五进三　将5平6

⑤车八平四　红胜

图5-41

①车八平七　将6进1

②车三进八　将6进1

③车七退二　士5进4

④车七平六　炮5退3

⑤车六平五　红胜

图5-42

①马七进六　士6进5

②车二退一　将6退1

③马六退五　将6退1

④车二进二　象9退7

⑤车二平三　红胜

图5-43

①车六平四　士5进6

②炮二平四　士6退5

③炮四退六　士5进6

④车四进二　将6进1

⑤仕五进四　红胜

177

图5-44

　①车八进一　　将5进1

　②马五进三　　将5平4

　③车八退一　　将4退1

　④炮二进三　　士6进5

　⑤马三进四　　红胜

图5-45

　①兵六进一　　将4平5

　②兵六进一　　将5平4

　③车四退一　　士4进5

　④车四平五　　将4进1

　⑤炮八进一　　红胜

图5-46

　①前车进一　　将4进1

　②后车进五　　将4进1

　③后车退一　　将4退1

　④前车退一　　将4退1

　⑤后车平六　　红胜

图5-47

　①马四进六　　炮7平4

　②炮三进七　　士6进5

③车四进一　　将5平6

④炮三平一　　马8进6

⑤车二进一　　红胜

图5-48

　①兵五进一　　将5平6

　②兵五平四　　将6退1

　③后炮平四　　士5进6

　④兵四进一　　将6进1

　⑤炮六平四　　红胜

图5-49

　①车四进一　　将5进1

　②马九进七　　将5进1

　③马七进六　　将5平4

　④兵八平七　　将4退1

　⑤车四退一　　红胜

图5-50

　①炮一进三　　炮7退2

　②兵四平五　　将5进1

　③车六进四　　将5平4

　④车七平六　　将4平5

　⑤炮二平五　　红胜

图5-51

①车七进三　象1退3

②车六进五　将5平4

③马九进八　将4平5

④炮九进四　炮4退6

⑤马八退六　红胜

图5-52

①车六进五　士5进4

②炮一平六　士4退5

③马七进六　士5进4

④车二进一　将4进1

⑤马六进七　红胜

图5-53

①车八进三　士5退4

②炮七进三　士4进5

③炮七退二　士5退4

④兵四进一　将5进1

⑤车八退一　红胜

图5-54

①前车进六　将4进1

②兵四平五　士4退5

③后车平六　士5进4

④车六进五　将4进1

⑤车三平六　红胜

图5-55

①车六进一　将5进1

②马八进六　将5进1

③马六进七　将5退1

④车六退一　将5退1

⑤车六平四　红胜

图5-56

①车六平四　士5进6

②炮一平四　士6退5

③炮四平五　士5进6

④兵六平五　士4进5

⑤炮五平四　红胜

图5-57

①马一进三　将6退1

②马三进二　将6退1

③车五平四　士5进6

④车四进三　车3平6

⑤车四进一　红胜

179

图5-58

①马九退七　将5进1

②车八平五　将5平6

③炮八进二　士6进5

④车五平四　将6进1

⑤马七退六　红胜

图5-59

①车七进四　将4进1

②车七退一　将4退1

③马三进四　将4平5

④马四退六　将5平6

⑤车七平四　红胜

图5-60

①车七平六　士5进4

②炮九平六　士4退5

③炮六平四　士5进4

④马三退四　将4退1

⑤车六进三　红胜